北欧の神が宿る魔法文字

ルーンとアロマの開運セラピー

上田みさと
占術家・アロマセラピスト

BAB JAPAN

はじめに

「ルーン占い」をご存知でしょうか？　「ルーン文字」については、オンラインゲームの中で使用されたり、有名なアーティストが歌う曲の歌詞に出てきたりと、耳にしたことのある方もいるでしょう。

ルーン占いとは、ルーン文字と呼ばれる古代北欧で使用された文字を使った占いです。直線だけで書かれた記号のような文字には、それぞれに深い意味があります。歴史的な背景と北欧神話にまつわるルーン文字のエピソードと重ねると、それらの意味がとても理解しやすく、また神秘的に感じるでしょう。

ルーン占いは、驚くほどシンプルにできます。24のルーン文字と空白ルーン（ウィルド）の計25文字の中から1文字（複数の場合もあり）を選ぶだけで占えるのです。文字に込められた意味からメッセージを受け取り、運勢を判断します。ほかにも方法はありますが、このシンプルでストレートに心に響く方法に、私は魅せられてしまいました。

ただ、ルーン占いを行ううちに、この結果をよりよい未来のために積極的に利用する方法はないのか、と思うようになりました。ルーン占いで「つらい時期なのでじっと耐えること」と出たとき、苦痛の時期が終わるのをただ待つことは耐えられないと感じたのです。

そして、精油を使うことを思いつきました。アロマテラピーは心身を癒してくれます。落ち込んだ気持ちを和らげてくれる精油もあれば、怒りで興奮した感情を鎮めてくれる精油もあります。香りは脳にダイレクトに作用し、状況に応じて心身をリフレッシュしてくれます。

この2つを結びつけたのが、ルーンアロマ占いです。ルーン占いの結果に対して、寄り添ってくれるメンターやアドバイザーとして（もしくはヘルパーとして）、アロマテラピーの力を借りるのです。

この占いでは、結果を出して終了ではありません。ルーン占いで出た結果にアロマテラピーを用いて、幸せな未来のための対策を行えます。

占いに興味を持った方は、同時に精油の特徴と使い方、クラフトの紹介で、アロマテラピーにも詳しくなることでしょう。アロマテラピーの手法に興味を持った方は、ルーンを扱ううちに集中力と直感力が養えるでしょう。

ルーンアロマ占いはルーンのメッセージとアロマの癒し効果で、希望あふれる明日へと導いてくれる唯一無二の占いです。ルーンアロマで不安な気持ちを取り除き、希望に満ちた輝かしい未来への第一歩を踏み出してください。

ルーンとアロマの開運セラピー　目次

第1章　古代から続くルーン文字の魔術

第2章　ルーン文字解説

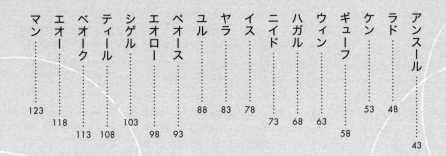

第3章 基本のリーディング法

第4章 占いの結果を開運につなげる

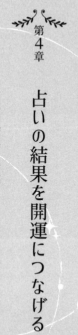

巻末資料

精油解説25種

第1章

古代から続く
ルーン文字の魔術

ルーン文字の誕生〜ルーン文字を知ろう！

ルーン文字とは

ルーン文字が最初に使われたのは、２世紀の古代ヨーロッパでした。話し言葉であったゲルマン語を表記するために、ルーン文字が誕生しました。北欧人やイギリス人、それからゴート人などが普段使っていたゲルマン語を文字として表したのです。

ルーンとは古ノルド語で「秘密」という意味を持ちます。はっきりとした出現時期は特定されていませんが、近年ノルウェーで見つかった石碑に刻まれたルーン文字が、約１８００年〜２０００年以上前のものと見られており、最古のものだといわれています。

紀元４００年頃には北欧地域で24文字型ルーンが定着して使用されています。

ルーン文字の構成

現存するルーン文字はその多くが石や岩、木や枝に掘り刻まれています。ナイフなどで刻みつけるため、字形を丸くするような複雑な線を描くことは難しかったと思われます。そのためルーン文字はいたってシンプルな直線で構成されているのです。

まず幹といわれる縦に走る線、それからその線に交わるように左右にさまざまな斜めの線（枝）が引かれます。直線のみで24文字を作り出しています。

ルーン文字の発展

話し言葉を文字に表すことでさまざまな学問を発展させ、技術を伝えていくことができま

ルーン文字

す。それまでは口伝えだった医術や貴重な教えが、変換されずに正しく残すことができるようになりました。また、手紙として遠く離れた人へ気持ちを運ぶことも可能にしました。

このように古代北欧で言語が発達すると当時に、新しい表記文字「ルーン文字」も発展していきました。

代表的な文字数

ルーン文字は大きく分けて3つの発展期があります。最も古いルーン文字（古北欧型）は24文字から構成されています。私たちが現在占いとして使用しているのも、この古北欧型24文字を取り入れています。

古代ヨーロッパでは長い期間この24文字の北欧型ルーンが使われていました。しかし7〜8世紀頃には16文字（アングロ＝サクソン型）へと変化していきます。これはルーン文字の普及によりわかりやすいように簡略化されていったからとみられています。

一方イングランドやオランダでは8世紀前後で28文字（アングロ＝フリージア型）へ、さらに10世紀には31〜33文字へと、その数を増やしています。地域によってさまざまに変化しましたが、現在は古北欧型24文字が一般的なルーン文字数とされています。

ルーン文字は時代によって文字数が増減しますが、最初の6文字に変化はありませんでした。その最初の6文字をとって「フサルク（fuþark）」と呼ばれます。ルーン文字は「フサルク・アルファベット」とも呼ばれます。初期のルーン文字を「エルダーフサルク（北欧型フサルク）」といい、16文字になった中世期にはヤンガーフサルクともいわれます。

ラテン文字の台頭

11世紀には一度ルーン文字自体が廃れつつありました。11世紀末頃、ラテン文字が広く使用されるようになりルーン文字の影が次第に薄くなっていきます。ルーン文字は木や石に刻まれるように簡略化された文字ですが、紙やインクの技術の発展により、ラテン文字は高価な羊皮紙にインクを使って書かれました。

13世紀ころには北欧でもラテン文字が大部分取り入れられましたが、農民や商人にとってはルーン文字がまだまだ使いやすく、地域内では私用で使い続けられました。当時の日記などが残っています。

そうやってルーン文字は現地語として使われ続け、その後は土着文字として研究対象とみる人も出てくるようになります。16世紀になってもルーン文字は途絶えることなく伝えられました。ラテン文字の普及が、逆にルーン文字を魅力的で神秘的な存在として際立たせ、呪術や占いにも使用されるようになったのです。

ルーン文字と北欧神話

オーディンが授かった知恵の文字

ルーン文字と北欧神話は切っても切り離せません。文字を持たなかった民族が得たルーン文字は、天から授かった神聖なものとして大切に考えられてきました。その様子が北欧神話で語られています。

アース神族（北欧神話の神々）の主神オーディンが、世界樹ユグドラシル（21ページ）の大木に自らの首を9夜ぶら下げて、苦行の末やっと宇宙より得たのがルーン文字だとされています。この修行は高い知恵を獲得するために必要でした。

9日目の夜にとうとう苦しみから逃れようと思った瞬間、目の前にルーン文字が現れたのです。文字を得るというのは、たいへんな試練が必要だったということです。

ルーン文字は北欧神話のエピソードの各所に登場します。たとえばロキという火と大気を統括する神が、オーディンに送った宝物の中にグングニルという槍があります。そこには複雑なルーン文字が刻まれていました。ルーン文字が貴重な物、大切なものの象徴として描かれているのです。その文字が理解できるということは知恵者の証でもあります。

北欧神話の世界とは

さてその北欧神話はどういったものかご存知ですか。北欧神話とは、アイスランドやスカンディナビア半島のゲルマン人たちなどに広がっていた神話体系です。ヨーロッパがキリスト教化される以前からあった、北欧地域の伝説や信仰から物語が成り立っています。

火と氷が接するところから巨人ユミルと雌牛が生まれ、雌牛がなめた氷から神の祖先ブーリが生まれます。そのずっとあとに人間が創造されて最終的には神々の戦い（ラグナロク）へと続く神話です。多くの神が登場し、人間界と神の国、そして敵である巨人の国も描かれます。ロマンにあふれた冒険譚《ぼうけんたん》で、不思議な魅力があります。

北欧神話の原点となるのは、9〜12世紀の『古エッダ』詩編です。この詩編にはルーン文字についての記述が多数あり、オーディンが9日間にわたって首をつって文字を得る『高きものの言葉』の詩も収められています。

またルーン文字を使ったまじないや呪術についても書かれています。戦いで勝利を収めるためのルーン文字や、傷の手当のためのルーンのまじないなど、ルーンの秘伝が記載されています。

神話に登場する神々

ルーンを理解するために、知っておきたい北欧神話の神々を紹介します。

［オーディン］

北欧神話の中で世界の創造に加わった神です。何もないこの世界に大地や海、そして人間などのあらゆるものを作り出し、神の住む場所と人間の住む世界を創りました。宇宙からルーン文字を授かったのもオーディンです。知恵を所有し、ルーン文字と詩の技法を熟知しています。ルーン占いではアンスールの文字を象徴しています。

［トール］

オーディンの息子で雷神であるトールは誠実で力持ちです。アース神族の中で最も強いといわれています。その功績は数えきれないほどで、美貌も兼ね備えた偉大なる神として愛されています。ミョルニルというハンマーを武器に持ち、勇敢に巨人と戦い、のちに神の国と人間の国の守護神となります。ルーン占いではソーンの文字を象徴しています。

［ティール］

アース神族の勝利神でたいへん聡明な神です。秩序と法の保証人としてアースガルズ（神の国）を守りました。ティール（チュール）はもともと「明るい空」という意味を持ちます。光の神でもあり闇の怪物と勇敢に戦いました。ルーン占いではティールの文字を象徴しています。

［フレイ（イングの別名）］

ヴァン神族で女神フレイヤと双子の男性神です。女神ゲルズへの熱い恋心が神話となっています。誰からも愛される温厚な性格で、大地の豊穣をかなえてくれる豊穣神でもありました。雨を降らせ、花の種を撒き果実を実らせる「繁栄の神」として、スウェーデンなど北欧では長く信仰対象とされ、親しまれています。ルーン占いではイングの文字を象徴しています。

［ゲフィオン］

ゲフィオンとは「与えるもの」という意味を持つ言葉で、アース神族の女神のことを指します。幸運の女神であり、未婚の女性の守護神としても語られています。今でもデンマークのコペンハーゲンには「ゲフィオンの泉」という噴水があり、パワフルで愛に満ちたゲフィオンを讃えています。ルーン占いではギューフの文字を象徴しています。

ルーン占いの歴史

紀元後100年のキャスティング

ルーン文字を使って占いや呪術をすることは、すでに紀元後100年頃の北欧で始められていました。ローマの歴史学者タキトゥスが記した『ゲルマーニア』にそのくだりがあります。ゲルマン人が占いをするときに小枝を数本切り取り、平たく木片にして印を刻みつけてから、白い布の上に放り投げる、いわゆるキャスティングの様子が描かれています。投げられた小枝を家長が拾ってその意味を読み解いているのです。この枝に書かれた印こそがルーン文字です。

このようにルーン文字は初期から、たんに言葉を表す文字としてだけでなく、呪術用または予言をする際に用いられていたことがわかります。

13世紀にはルーン文字がお守りのように使われていた資料があります。『エイットゥル・スカットゥラグリムスソンのサガ』のなかの「エイットゥルと病気の乙女」の逸話に、病を軽くするためにルーン文字を彫ったものを持たせたとあります。この場合、ルーンの知識のないものが間違ったルーン文字を彫ったため、病が悪化してしまいます。エイットゥルが正しいルーン文字を刻み変え、乙女は元気を取り戻しました。

現在のルーン占い

ルーン占いは24文字に白紙のルーンをプラスして占います。ルーン文字１つ１つには意味があり、その意味を神からのメッセージによりわかりやすく教わる、とてもシンプルな占いです。もともと神の判断は巫女《みこ》などの仲介者を用いて人間に伝えてくれるものです。その仲介的な役目を担うのがルーン文字なのです。

ルーン文字は「概念ルーン」とも呼ばれ、独自の名称と意味があります。これらに基づき、神からのメッセージがずばりと答えをもたらしてくれます。ルーン文字はとても単純な意味を持つので、複雑な遠い未来よりも、はっきりとさせたい近未来を占うのに向いています。

ルーンに導かれるアロマの香り

アロマテラピーの歴史

紀元前３０００年の古代エジプトでは、宗教儀式に香りを焚く「薫香《くんこう》」が行われてきました。フランキンセンスやミルラといった植物の樹脂はたいへん貴重で、香りは神聖なものであり、天への贈り物として使われています。また古代ギリシャの人々も香りをたいへん好み、ローズの香油をマッサージや体につけて使っています。薬学としても広く使用され、医学者ディオスコリデスは６００種類の植物の薬効をまとめた薬物誌『マテリア・メディカ』を発行しています。

香りは常に人々の生活の中にあり、神聖なものとして扱い、またその香りで心身の疲れを取り除いてきました。薬効によって軍人や病気の人の治療にも使われ、傷を直接治してきました。

現代では化学の発展により、香り成分が詳しく分析され、精油の成分も細かく調べることができます。香りが脳へ伝わる経路や作用も解明されています。

古代から重宝されてきた植物の香りは、現代、さらに人々に好まれ、癒しを与えてくれます。どの精油が身体と心に働きかけるかがわかったことにより、より詳しく適正精油を使用することができるようになりました。

北欧神話の世界樹「ユグドラシル」

北欧神話には、世界樹と呼ばれる「ユグドラシル」が登場します。この世にある9つの世界はすべてこのユグドラシルに包括されているとされています。

ユグドラシルは根、幹、枝、葉から成り立ちます。世界は植物なしでは存在しません。ユグドラシルがあるから泉が生まれ、果実を食べに鳥やリスが集まり、葉や樹皮を生物が食べる……そうやって世界は循環しています。世界樹の中で知恵と知識の象徴としてルーン文字が現れ、葉や花から心身の傷を癒す香りが生まれました。私たちは植物に包まれて生かされているのです。

ルーンアロマとは

古代の人々は天災や疫病など自分たちの手ではどうしようもできない出来事にぶつかっ

たときに、占いや植物の力に頼ってきました。古代ゲルマン人は、前途を占う場合ルーン文字を使ったキャスティングを行いました。樹木にルーン文字を刻んだのです。また古代ギリシャ人は、香りを好む神々に捧げるためにミルラの薫香を行いました。古くから人々は、神託を聞くときに植物を利用してきました。

ルーンアロマでは、ルーン占いを手がかりに自己を深く見つめ、幸せに近づくための手助けとして精油を使います。ルーン文字が導く神のメッセージに寄り添うように精油を活用し、幸福な人生へと昇華していきます。

ルーン文字との相乗効果

精油の化学的・学術的に研究されている効果を利用して、さらには歴史的背景から使われてきた場面や例を活用して、ルーン占いで導かれた結果に対し、精油を適正に使用することで、より幸せな毎日に近づくことができます。

例を見てみましょう。ルーン文字のハガルは雹《ひょう》を象徴しており、「困難・アクシデント」という意味があります。雹は突然降り始めるものです、つらいことや解決が難しい出来事に備えて、十分注意が必要だといったメッセージになります。また困難は必ず終わるので、時が過ぎるのをじっと待つべき時期というメッセージでもあります。

そんなハガルに対応している精油は「サンダルウッド」です。サンダルウッドに含まれるセスキテルペン類は鎮静作用があり、深いリラックスを導く効果があるため、つらさを耐えしのぐ支えになります。またサンダルウッドに含まれるサンタロール成分には血行促進作用があり、雹（困難）を避けるため、縮こまりこわばった筋肉の緊張を和らげます。

サンダルウッドは昔から宗教儀式や瞑想に利用されてきました。香りの力を借りて自分を見つめ直し、気持ちを浄化する精油です。ハガルには「落ち着いて気持ちのダウン効果のあるサンダルウッド」の香りを用いることが、試練を乗り越える助けとなります。

このようにルーン文字に対して適したアロマテラピーを行えば、ルーン文字の意味することを補って、2つのパワーによる相乗効果が期待できます。神聖なるルーン文字と、古くから使用され、天に捧げられてきた香り（アロマテラピー）の融合によって、私たちはより一層の幸せの高みへと昇ることができるでしょう。

現代だからこそわかっている精油の化学的作用を用いて、ルーン文字で得た教えを現実の幸福へと導いていくのが、ルーンアロマのもつ真の力なのです。

精油が心身に伝わるしくみ

私たちは日常的にさまざまな香りを嗅いで生活しています。これは何の香りなのか、よい香り、いやな香り、といった判断は脳で行っています。

鼻から香り物質を嗅ぐと、鼻の奥の嗅上皮にある嗅繊毛がキャッチします。そこから約400種類あるという嗅覚受容体に結合し、電気信号に変換されて脳の嗅球に伝わります。次に嗅皮質へ伝わり、好き嫌いを判別する扁桃体、さらに先の自律神経やホルモンに関係のある視床下部、また記憶を司る海馬など、ルートに分かれて伝わっていきます。

脳と嗅覚器官がとても近いため大脳辺縁系にダイレクトに伝わり、香りを嗅いでから脳が指令を出すまでに時間を要しません。約0.2秒の速さだといわれています。いち早く嗅覚が察知し、腐ったものを食べる前ににおいで感知したり、有害なガスのにおいにも素早く気づくことができたりするのです。

精油が体に働きかけるしくみはどうなっているでしょうか。女性ホルモンを活性化させるような精油の香りを嗅ぐと、内分泌系にすぐさま働きかけ、エストロゲン（女性ホルモン）の分泌を促します。その指令によってホルモンバランスをとるために、体の変化を監視するフィードバックが行われ、体調を整えていきます。

精油を嗅ぐことで脳に香りの電気信号が伝わり、幸せホルモンを活性化させたり、血圧を下げたりといった身体調整が適宜行われます。香りは心身に直接影響を与えるのです。

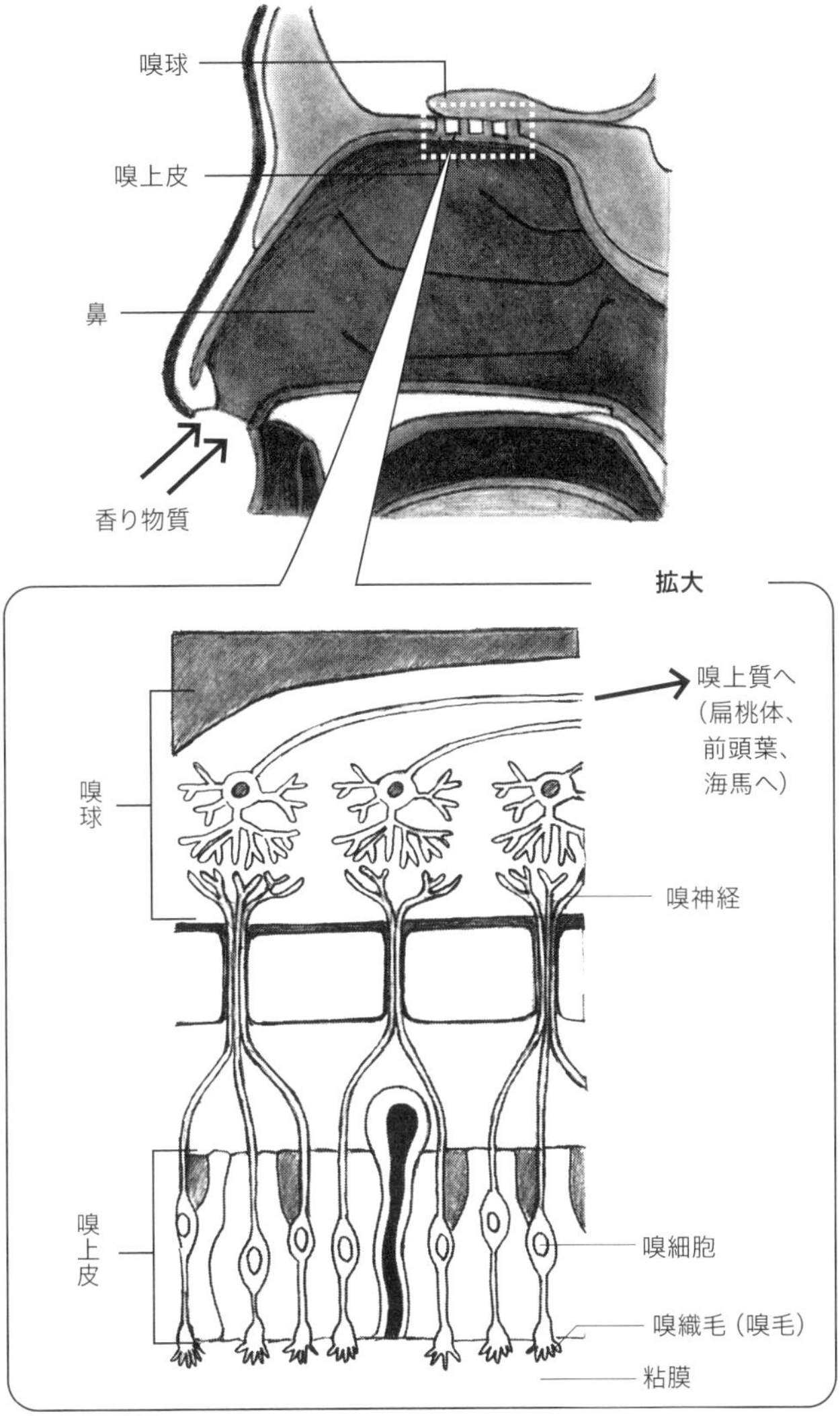
嗅球
嗅上皮
鼻
香り物質
拡大
嗅上質へ
(扁桃体、
前頭葉、
海馬へ)
嗅球
嗅神経
嗅上皮
嗅細胞
嗅繊毛(嗅毛)
粘膜

正しい精油の選び方

精油は植物の香りを凝縮したエッセンスです。花や葉、果皮などから抽出し、1滴を得るためにたいへんな労力を必要とします。バラの精油を1kg得るには、バラの花びらが約3~5トン必要です。それほど貴重な精油ですから、確かな品質のものを選びたいですね。

中には水で薄めたり、合成香料を使っていたりする、精油とはいいがたいものも出回っています。また、精油はエッセンシャルオイルともいいますが、油脂の仲間ではありません。油脂は脂肪酸とグリセリンからできていますが、精油は植物の二次代謝で得られる有機化合物です。油脂の一種として販売されているものも避けましょう。

高品質な精油（エッセンシャルオイル）を選ぶために、次の点に注意してください。

植物から抽出されているか、遮光性のガラス瓶に入っているかを確認しましょう。また、植物の学名・抽出部位・抽出方法・製造年月日・生産地が記載されているかも大切です。成分表に精油以外の品名（保存料や薬品名）が書かれているものは合成香料ですので避けましょう。適正価格かどうかなどもしっかりとチェックをしましょう。発売元もしくは輸入元の確認も行ってください。

第2章

ルーン文字解説

フェオ［精油：ローズオットー］

地道な努力で育つ富

【ルーンの意味】

フェオの文字の斜めに伸びている2つの枝は、家畜牛の角を表しています。フェオには「家畜」の意味があり、すなわち財産や富を象徴しています。古代北欧では家畜の数はそのまま豊かさを表していました。したがって、一攫千金《いっかくせんきん》で得たような財産ではなく、世話をして数年を費やし、育て上げ、増やす家畜のような、地道な努力によって得る資産を意味します。

フェオが出た場合、日々の努力やまじめな行いが実を結ぶときです。急に富を得るわけではありません。コツコツと目標に向けて励めば、必ず結果が得られるでしょう。またフェオは豊かな人間関係も意味します。誠実さや勤勉さが認められ、人々も集まってきます。愛にあふれ、安定した幸運が約束されます。

Rune and Aromatherapy

ᚠ

1 FEOH フェオ

地道な努力で育つ富

Keyword

アルファベット：F
シンボルカラー：明るい赤
守護石：シトリン
精油：ローズオットー
アロマブレンド：フローラル

〈逆位置の場合〉

逆に出たフェオはお金への執着を意味します。欲に押し潰されて物事がマイナスに働きます。計画が中止になったり、金銭トラブルに巻き込まれたりすることもあります。すでに得ている財産に対しても、いつまでも満足ができません。

【ローズオットー精油】

フェオのメッセージを補足して幸運へと導いてくれるのは、ローズオットー精油です。バラの精油はたいへん貴重で、バラ自体が富の象徴でもありました。ルイ16世の王妃マリーアントワネットもバラをこよなく愛し、一輪のオールドローズ（ロサ・ケンティフォリア）を手にした肖像画は有名です。調香師はバラやスミレの香水を取り入れ、宮殿の周囲にはたくさんの花々が育っていました。庭は豊かな財産の象徴でありながらも、美しさに心が洗われる癒しの空間でもあります。

ローズオットー精油の香りは、気品のある甘い優雅な香りです。主成分であるフェニルエチルアルコールには多幸感作用があり、香りを嗅ぐと一瞬にして優しく甘美な幸せを胸いっぱいに感じます。主成分シトロネロールには、免疫を向上させ、体の血行を促す作用があります。身体が生き生きとし、気持ちも前向きになるのです。

フェオは地道に努力することで、富を自分自身で育てていくことを予言しています。ローズオットーの豊かで芳醇《ほうじゅん》な香りが、フェオの示す富を得ることを助けてくれるでしょう。ローズオットーの香りはストレスに負けない安定したメンタルと、免疫力を高めた強い自己を育成させてくれます。自分を悲観したり、他人をうらやんだりする後ろ向きな気持ちを解放し、愛を成就させ、幸せを呼び起こしてくれます。

【ローズオットー精油の特徴】

●心への働き 神経過敏でイライラした気分を鎮め、安心した気持ちにしてくれます。沈んだ心を明るくし、ストレスを取り払ってくれるでしょう。何か足りない気持ちを埋めてくれる香りです。すっかり満たされた気分になります。

●身体への働き 女性ホルモンを調節し、月経不順などの女性特有のトラブルに役立ちます。また免疫を向上させ、心身を強壮させる作用があります。なんとなく体調が優れないときや、だるさが取れないときに回復の手助けをします。

●フェオとの相乗効果 フェオの「富を得る」予言を現実にするために、ローズオットーの高貴な香りが力を貸してくれます。常に前を向いてノンストレスで進むために、甘く優しいローズオットーの香りがあなたを助け、お守り代わりになるでしょう。つらいときにもあなたを慰めてくれます。

【ローズオットー精油を使ってアロマを味方につけよう～アロマレシピ】

幸せを肌で感じるローズオットー精油スキンローション

〈材料〉

精製水　99㎖、無水エタノール　1㎖、ローズオットー精油　1滴、
ビーカー、保存容器（遮光瓶）、ガラス棒、ラベル

〈作り方〉

① ビーカーに無水エタノールを入れ、精油を加えてガラス棒でよく混ぜる。
② ①に精製水も加え、よく混ぜたら保存用遮光瓶に移す。
③ 日付を記入したラベルを貼る。冷蔵保存で2週間を目安に使いきる。

たった1滴のローズオットー精油ですが、喜びにあふれる愛の香りに包まれ、感動するでしょう。アロマを味方につけて運を開きましょう。

ᚢ

ウル

［精油：ジュニパーベリー］

力強く前へ進む大いなる自信

【ルーンの意味】

ウルは古代から11世紀にかけて生息していたオーロックス（野牛）を意味しています。荒々しく野山を駆け巡る大きな体の野牛は、獰猛《どうもう》でパワフルな生命の象徴です。ゲルマンの若者たちは狩りに出かけては、より多く野牛を狩ったものを英雄とたたえました。いわばウルは勇気や強さ、男性的な本能を表します。

ウルが出た場合、大胆な行動と思いきった決断が有効です。おとなしく皆の意見を取り入れる家畜のような態度ではなく、自分の意見に自信を持ち、堂々とダイナミックに物事を進めることで成功します。困難にも果敢に立ち向かい、時には力を駆使して戦いに挑むことも必要です。その豪勇さがチャンスを生むでしょう。

Rune and Aromatherapy

ᚢ

2　UR ウル

力強く前へ進む大いなる自信

Keyword

アルファベット：U
シンボルカラー：深緑
守護石：カルサイト
精油：ジュニパーベリー
アロマブレンド：ウッディ

〈逆位置の場合〉

すっかり自信を喪失し、何事もあきらめてしまっていませんか。思いきりが悪く、優柔不断になり、本心のまま行動できなくなっています。本当は障害を乗り越えられるだけの度量を持ち合わせているのに、恐怖とさい疑心から一歩も動けなくなっています。

【ジュニパーベリー精油】

ウルのメッセージを補足して幸運へと導いてくれる精油はジュニパーベリーです。この精油は古くから空気浄化作用があることが知られています。フランスの病院では長くジュニパーベリーの小枝を焚《た》いて空気清浄を行っていました。

また、この実はジンの香りづけスパイスとして使われていることでも有名です。男性の好む精油アンケートをとると、決まって上位にくるのがこのジュニパーベリーの精油です。軽くてくっきりとした香りは「浄化の香り」ともいわれ、特に男性の気持ちをリフレッシュさせてくれます。

そして特徴的なのが、新陳代謝を促進し、身体機能を活発にしてくれる作用です。デトックス効果で体内の毒素排出を促し、関節や筋肉に溜まった乳酸を体外に押し流してくれます。疲れを回復するのにうってつけの精油は、まさにウルのパワーあふれる身体のケアにもってこいです。

またジュニパーベリー精油の主成分の1つであるミルセンには、強壮作用・抗感染作用があるため、疲れた体を癒し、体力回復に役立ってくれます。主成分リモネンには血流促進作用や免疫刺激作用があり、困難に立ち向かえるよう免疫向上を助けます。ジュニパーベリーの香りはウルの精力的な活動を支え、現状打破するための一助となるでしょう。

【ジュニパーベリー精油の特徴】

●心への働き　心配事や苦悩にとらわれて思考が堂々巡りをしているとき、興奮を鎮めながら気持ちをクリアにします。物事を順序立てて考えられるようになり、精神を強化します。

●身体への働き　デトックス作用があり、むくみ取りや乳酸・尿酸の排せつも行います。身体を刺激する作用もあるため、こわばった全身を温めます。筋肉や関節に働きかけながら、強壮に役立ちます。

●ウルとの相乗効果　能動的で本能に正直に従うウルのパワーを補うため、ジュニパーベリーの精油が強靭な肉体作りと心身の強壮に力を添えます。免疫力を向上させて、さらにはクリアな透き通った香りで心身を浄化させ、戦うための下準備を整えてくれます。パワーがみなぎり、大胆に行動できるようになるでしょう。ウルの野性味あふれるエネルギーを昇華させてくれる香りです。

Aroma Recipe

【ジュニパーベリー精油を使ってアロマを味方につけよう～アロマレシピ】

むくみにさよなら！　ジュニパーベリー精油のバスオイル

〈材料〉
ホホバオイル　15㎖、ジュニパーベリー精油　1滴、サイプレス精油　1滴、ラベンダー精油　1滴、ガラス棒、ビーカー

〈作り方〉
① ビーカーにホホバオイルを入れ、精油をすべて加えてガラス棒でよく混ぜる。
② ①を湯船に加える。
③ 一度に使いきる。

香りがよく立つので使うたびに作るのがおすすめです。ジュニパーベリーはむくみの解消に役立ちます。バスオイルを作るときは必ずオイルで精油を希釈してからお湯に入れます。精油が直接肌につかないよう気をつけましょう。

ᚦ

ソーン

［精油：ペパーミント］

焦らず立ち止まり、冷静になれ

【ルーンの意味】

ソーンは植物のトゲを意味します。美しい花には時としてトゲがあるように、何事にも気をつけて物事に注意を払えという警告を表します。またソーンは敵という意味も示唆しています。北欧神話では敵は巨人のことを指していました。

トゲは小さくて気づきにくいものですが、知らずに触れてしまうととても鋭くて痛みを伴います。心の中に嫉妬や恨みなど小さなトゲを隠し持っていると、内側から傷だらけになってしまいます。誰もが持っている焦りや負の感情を、上手にコントロールしてつき合っていかなければなりません。

ソーンにはもう1つの意味があります。北欧神話に出てくるトール神が手に持つ、ミョルニルというハンマーにもたとえられます。そのハンマーの威力は、山をひと振りたたけば、谷ができるほどです。敵を倒す正義の象徴でもあるのです。

ソーンが出た場合、ネガティブで邪悪な感情が渦巻き、止めようもない衝動にさいなま

Rune and Aromatherapy

ᚦ

3　THORN ソーン

焦らず立ち止まり、冷静になれ

Keyword

アルファベット：Th
シンボルカラー：明るい赤
守護石：サファイア
精油：ペパーミント
アロマブレンド：ハーブ

れてしまうことが予想されます。しかしそれは偉大なる警告でもあるのです。真実のハンマーを振り下ろし、ネガティブな心の動きに立ち向かう勇気を持ちましょう。邪魔が入るかもしれませんが、いばらの道を歩むときには慎重に用心深く進むのです。

〈逆位置の場合〉

突然湧き起こるでき心や、抑えられない衝動によって、人々の信頼を失いそうになります。焦って失敗が続き、さらに不運を呼び込みます。そんなときは冷静になり、ひとまずそこから離れましょう。いったん呼吸を整えてからしっかりとまわりを見回してみましょう。励まし、助言を与えてくれるトール神のような、頼れる存在がきっといるはずです。

【ペパーミント精油】

ソーンのメッセージを補足して幸運へと導いてくれる精油はペパーミントです。この精油は高ぶった感情を落ち着かせ、集中力を高める効果があります。ペパーミントを使うと、焦燥感で見失ってしまった決断力や判断力が回復します。ペパーミントの学名の*Menta*はラテン語の「考える」という意味のmenteに由来します。揺らいだ気持ちを鎮めて、しっかりと考えることができるようになるでしょう。

古来よりペパーミントの神経強壮作用は認められており、西暦77年に発行されたプリニウスの「博物誌」にも、「ペパーミントの香りは、嗅ぐだけで精神を回復させ、気分爽快にさせる」とあるほどです。

主成分であるℓ-メントールは冷却作用や強壮作用があり、頭をすっきりさせてくれます。また散漫になった注意力を取り戻し、本来の自制心がよみがえるでしょう。すっとする清浄な香りが精神的な疲労を癒して心を落ち着かせてくれます。

【ペパーミント精油の特徴】

●心への働き　イライラやヒステリーなどの衝動的な感情を鎮めてくれます。清涼感あふれる香りが怒りや恐怖を吹き飛ばします。冷静さを取り戻し、物事を正しく見つめ、集中力を持って判断することができるようになるでしょう。

●身体への働き　暑いときには冷却作用が働き、寒いときには身体を温めてくれる二重の効果があります。また鎮痛麻酔作用があるため、はっきりとした体の痛みの軽減にも適しています。

●ソーンとの相乗効果　衝動を抑えられないような状況下で、ペパーミント精油は本領を発揮します。すっきりとした香気で頭をクリアにし、冷静で安定した感情を呼び起こします。いったん気持ちを落ち着かせて気分転換させてくれます。ギスギスした気持ちになったときこそ、ペパーミント精油を嗅いで、心の傷を癒してください。

【ペパーミント精油を使ってアロマを味方につけよう～アロマレシピ】

集中力アップ！ペパーミント精油の芳香浴

〈材料〉

アロマストーン　1個、ペパーミント精油　1滴～3滴

〈芳香浴方法〉

① アロマストーンにペパーミント精油を1～3滴垂らす。

② 立ち上がる香りを楽しむ。

アロマストーンに精油を垂らすと1時間ほどその周辺で香りが立ち上がります。一時的に集中力が必要なときは、アロマストーンを利用すると便利です。ペパーミントは香りが強いので、最初は1滴から試してください。

ᚨ

アンスール［精油：ブラックペッパー］

才知あふれる幸運な未来

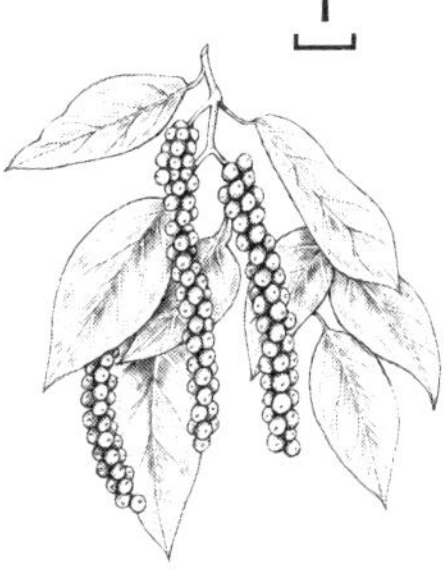

【ルーンの意味】

アンスールは北欧神話の中で神々の父といわれるオーディン神を象徴する文字です。それは知性と学問を指し、コミュニケーション能力と情報収集力も表しています。英語のアンサー（答え）の語源ともされており、すべての言葉を操る聡明さを意味します。

オーディンはそのあふれる才能から得た数々の知識を、息子たちに伝授しました。経験から得た情報や知恵は言葉に表すことで、大きなパワーを生みます。神々の父オーディンはルーン文字を授かった英雄です。その象徴であるアンスールの文字は、最高の知性と最強の幸運を表しています。

アンスールはコミュニケーションの大切さや、正しい情報の尊さを私たちに教えてくれます。賢者の言葉を素直に聞き入れ、さまざまな人と会話をして情報交換することが幸運を引き寄せます。

ᚨ

4　ANSUR アンスール

才知あふれる幸運な未来

Keyword

アルファベット：A
シンボルカラー：紺
守護石：エメラルド
精油：ブラックペッパー
アロマブレンド：スパイス

アンスールが出た場合、多くの場面で知識や才能を発揮することができ、知的作業がはかどるでしょう。また持ち前の頭の回転の速さを活かして、難しい仕事や役目をきっちりとこなすことができます。上司や知人からの信頼も厚く、人とのコミュニケーションもうまくいきます。クリエイティブなシーンで活躍し、すべてにおいて好調です。

〈逆位置の場合〉

情報能力にたけたアンスールのパワーが裏目に出ます。間違った情報に飛びついたり、すぐに信じてだまされたりします。表面的な情報だけを見て判断を誤り、窮地に追い込まれます。それまで信じていたことも実は罠であったといった裏切りにあい、精神的にも疲れ果ててしまうでしょう。そんなときは真実の目を持ち、本質を見極め、あわてずに下準備をきちんと行うことで最悪の事態を免れます。

【ブラックペッパー精油】

アンスールのメッセージを補足して、幸運へと導いてくれる精油はブラックペッパーです。料理でもよく使う黒コショウの実からとれる精油で、スパイシーで刺激的な香りがします。コショウは歴史が古く、コレラや赤痢の治療にも使われていました。人々に大切にされてきた植物で、ギリシャ人は貨幣の代わりにコショウで税を支払っていました。

この精油は強壮作用が高く、身体と神経を強くする香りです。主成分のβ-カリオフィレンは抗炎症作用があり、疲れた筋肉を癒し、疲労回復に効果があります。

さらに別名「愛の精油」ともいわれており、心にぽっと火が灯るような「温かみ」も兼ね備えています。人とのコミュニケーションを促し、見返りのない愛や奉仕の愛を生み出します。温かく愛にあふれる、深く強い精神をもたらしてくれる香りなのです。

【ブラックペッパー精油の特徴】

●心への働き　不満や不安を吹き飛ばし、精神力を強く持たせ、スタミナを与えます。ストレスを解消し、冷えきった心を温めて優しい気持ちにしてくれます。人間不信に落ちいったときにはこの香りが絆や愛情を思い出させてくれます。

●身体への働き　血行を促進し、体全体の疲れと痛み、筋力などの疲労を好転させるのに役立ちます。強壮作用、スタミナ回復にも適しています。

●アンスールとの相乗効果　愛情を持ってコミュニケーションをとるために必要な、唯一無二の友となる香りです。常に温かい思いやりを持って人々と交流ができ、多くの情報交換や、貴重な知識を得ることができます。大切な日にはブラックペッパー精油の香りを嗅いでから出かけてみてください。洗練された刺激的で知的な香りが、アンスールの最強の幸運を実現させるでしょう。

Aroma Recipe

【ブラックペッパー精油を使ってアロマを味方につけよう～アロマレシピ】

免疫力を高めるブラックペッパー精油の吸入法

〈材料〉
マグカップもしくは洗面器、お湯（蒸気が立つ程度の温度）、
ブラックペッパー精油　1滴～3滴

〈作り方〉
① 容器に半分ほどお湯を張り、精油を入れる。
② 目を閉じて蒸気をゆっくりと吸い込む。吸入は10分以内にとどめる。

香りを鼻から吸入し、血行をよくして免疫力を高めます。心も温かくなるでしょう。ブラックペッパー精油は刺激があるため、必ず目を閉じてください。

ラド

【精油：ユーカリ】

さあ、変化を求めて旅に出よう！

【ルーンの意味】

ラドは英語の ride（ライド）の語源とされており、乗り物や旅を意味しています。古代では遠くへ移動することがたいへん困難でした。車輪を用いて重い荷物を運び、目的地まで旅をすることは骨の折れる行動です。未知の世界へと挑む果敢な姿は、勇ましく頼もしいでしょう。ラドは変化を恐れずに、移り変わっていく豊かな人生を表しています。

また、新しい目的を持つことも意味しています。旅の目的は何でしょう。今の自分の置かれた環境を変えたい、新しい自分へと生まれ変わりたいという、内から芽生える熱いエネルギーを感じます。やる気は幸運を呼び、チャンスが次々と舞い込んできます。チャレンジ精神を発揮してチャンスをものにしていきましょう。今変化するときです。

遠く旅立った友や恋人と再会することも予言しています。手紙やメールなどの通信手段もラッキーアイテムです。

ラドが出た場合、明確な目的を持ち、それに向かって突き進むことが成功のカギとなり

Rune and Aromatherapy

ᚱ

5　RAD ラド

さあ、変化を求めて旅に出よう！

Keyword

アルファベット：R
シンボルカラー：明るい赤
守護石：クリコソラ
精油：ユーカリ
アロマブレンド：ウッディ

ます。また旅や変化も吉です。引っ越しや転職などの、人生の転換期が訪れるかもしれません。怖がらずにどんどんチャレンジしていきましょう。周囲の人々と協力しながら、焦らずに着実に進んでいくのです。車輪は1輪ではバランスをとるのが難しいですから、協調性が大切です。

〈逆位置の場合〉

順調だったはずの旅も、突然車輪が動かなくなり、停滞してしまいます。始めた事業や仕事が思うような方向に進まず、有益な機会をみすみす逃してしまいます。もしかしたら理想を追い求めすぎていませんか。高望みしすぎて現実が見えなくなっているのかもしれません。慢心せず、謙虚な目で正しい目的地に向かって進めるよう、まわりの人の意見をしっかりと聞くことが大切です。

【ユーカリ精油】

ラドのメッセージを補足して、幸運へと導いてくれるアロマはユーカリ精油です。ユーカリの葉にはさわやかな香りがあり、風にのって流れてくると、その開放的で自由な芳香に胸が躍ります。オーストラリアでは、すくすく伸びて生命力の高いユーカリの木はたいへん愛され、古くから傷を癒すための万能薬として使われてきました。

つんとしたよく通る香りは、清涼感のその奥に柑橘《かんきつ》のような甘い香りを忍ばせて、気持ちを軽やかにしてくれます。まるで旅をして世界を渡り歩いているラドを連想させる、すがすがしい気分が訪れます。気持ちが柔らかくなり、気分爽快になる軽快な香りです。

身体を元気にしてくれる主成分の1つ 1,8 シネオールは、血行を促進させ、免疫向上に役立ちます。また呼吸器系にも強壮作用があり、抗気管支炎作用や去痰作用も確認されています。高い殺菌作用があり、すっきりとした香りが心まで清浄してくれます。

【ユーカリ精油の特徴】

●心への働き　小さなことが気になって仕方がないようなとき、この香りが人生観を変えてくれます。もっと楽観的に、自由にふるまうことの素晴らしさを実感できるでしょう。ふさぎ込んだ気分を解き放ちます。頭もクリアにし、集中力も高まります。

●身体への働き　呼吸を楽にし、粘膜の症状を和らげます。去痰作用や抗菌・抗ウィルス作用もあります。

●ラドとの相乗効果　ユーカリ精油の開放的で自由な香りが、新しいことへ挑戦するための勇気と安心感を増幅させてくれます。さわやかな芳香が、チャンスをつかむための支えとなり、知らない世界へと足を踏み入れるためのあと押しをしてくれるでしょう。

【ユーカリ精油を使ってアロマを味方につけよう〜アロマレシピ】

すーっとする爽快なユーカリ精油のマスクスプレー

〈材料〉

無水エタノール　5㎖、精製水　45㎖、

ユーカリ精油　1滴、スイートオレンジ精油　3滴、ティートリー精油　1滴、

スプレー容器、ラベル、ビーカー、ガラス棒

〈作り方〉

① ビーカーに無水エタノールと精油をすべて入れ、ガラス棒でよく混ぜる。

② ①に精製水を入れ、よく振り混ぜてからスプレー容器に移す。

③ スプレーに作成日を書いたラベルを貼る。冷蔵保存で2週間で使いきる。

マスクの外側にスプレーし、よく振って乾燥させてから装着しましょう。さわやかな香りで気分も軽くなります。

ᚲ

ケン［精油：メリッサ］

燃え上がれ！ 炎のような情熱を持って

【ルーンの意味】

ケンは松明《たいまつ》の炎を意味しています。北欧神話では世界が創造される前は氷の空間と炎の空間の2つしかなかったとされています。火と氷が接する場所で水が生まれ、水から命が芽生えます。宇宙は火と氷で作られたのです。古代では火はたいへん尊いものでした。すべての始まり、エネルギーの象徴です。

またケンの炎は英知を表しています。火を操り、便利に使うためには、知恵と知識が必要です。燃えたぎる炎を使って文明を生み、進化し、新しい世界を創造します。そして人々の中に燃え上がる情熱とエネルギーで、まだ見ぬ未来へと進んでいくのです。

ケンが出た場合、とても勢いのある状態を示します。今のあなたにはやる気や情熱があふれ、何事にもトライしようという活力を持っています。今ある最大限の意欲を用いて、思いのまま行動するのです。以前からやりたかったことや、挑戦するために準備していたことを始める時期にきています。何事も熱心に取り組めば、必ず未来は開けるでしょう。

Rune and Aromatherapy

ᚲ

6　KEN ケン

燃え上がれ！　炎のような情熱を持って

Keyword

アルファベット：K/C
シンボルカラー：赤
守護石：ブラッドストーン
精油：メリッサ
アロマブレンド：シトラス

またケンが意味する「知恵」の影響も併せ持ちます。知識欲も湧き上がり、それを理解する能力も増しています。自分の可能性を信じ、野心と勇気を持って進んでください。

〈逆位置の場合〉

思っていた未来と違っていたり、何事もうまくいかずにやる気を失っていたりします。気持ちだけが空回りして結果が伴っていません。失った情熱はなかなか取り戻せず、苦しむことが多くなるでしょう。そんなときは気分転換に街に出かけましょう。さまざまな街の香りを楽しみながら、冷えきった心にスパイスを与えてください。街には木々の新緑、雨上がりの道路、多国籍料理のスパイスなど、さまざまな香りがあふれています。道行く人とも気軽に交流を楽しみながら、冷えきった心にやる気を再燃させましょう。

【メリッサ精油】

ケンのメッセージを補足して幸運へと導いてくれるアロマは、メリッサ精油です。葉はレモンバームとも呼ばれるハーブで、リーフの香りの中に柑橘系のニュアンスがあります。とてもにぎやかな香りで、花のような甘さや柑橘系のようなさわやかさ、時には香辛料のようなスパイシーさも感じられる、気持ちをワクワクさせてくれる香りです。この香りにはまるでにぎやかな商店街を散歩しているような、胸弾む楽しさがあります。気持ちを前向きにしてくれ、人生観を明るく変えてくれます。

清涼感のあるシトラスの香りは、主成分であるシトラールによるものです。この成分には活力増強作用があります。

また気持ちが優しくなる甘い香りは、特徴成分ゲラニオールが作用しています。これはローズと共通の成分で、免疫向上作用や強壮刺激作用があります。メリッサが気持ちを上げて活力をもたらせてくれるのは、こういった成分が含まれるからです。

【メリッサ精油の特徴】

●心への働き　プレッシャーのかかる深刻な場面でも、気持ちをふっと軽くしてくれます。興奮しすぎた感情を落ち着かせてくれるとともに、心をリフレッシュさせて陽気にしてくれます。

●身体への働き　メリッサの持つ鎮静作用が循環器系に働きかけます。血圧を安定させ、呼吸を整えてくれます。女性特有のトラブルにも有益で、月経不順や月経痛にも作用します。通経作用があるため、妊娠中は使用を避けましょう。

●ケンとの相乗効果　ケンの情熱にあふれたやる気に対して、メリッサの活気のある陽気な香りが気持ちをアップさせ、元気と勇気を与えてくれます。楽しくて前向きな気分になり、活力を増長させます。まさにケンの心に火をつけてくれる精油といえるでしょう。

Aroma Recipe

【メリッサ精油を使ってアロマを味方につけよう～アロマレシピ】

家にこもりがちなときにメリッサ精油の芳香浴

〈材料〉

アロマライト、メリッサ精油　1滴、ゼラニウム精油　1滴、

精製水　適量

〈作り方〉

①アロマライトの受け皿に精製水と精油をたらし、電源を入れ、香りを拡散させる。

雨続きなどで家にこもりがちのとき、気分を明るくしてくれます。アロマライトは機種によって使用方法が異なるので、付属の説明書どおりにお使いください。

ギューフ

愛で満たされた人生の約束

【精油：イランイラン】

【ルーンの意味】　正逆位置とも同じ

与えるものを意味する、女神ゲフィオン神がギューフの守護神です。ギューフは英語の「gift（贈り物）」の語源とされており、神々からの贈り物を象徴するルーンであり、才能や深い愛情、信頼などを表しています。ギューフの文字が出たら、それはまさに愛にあふれる人生が約束されていることを物語っています。自分が誰かを愛するだけでなく、愛を与えられ、そして自己をも肯定する、慈愛に満ちた日々を送ることができるでしょう。「真実の愛」がこのルーンのシンボルです。

あなたは与えられた才能を活かし、創造することで人生に喜びを感じ、また多くの人から頼りにされ、信頼されます。人と寄り添い、人のために尽くす、そんな愛あふれる毎日を送ることができれば、このうえない安らぎと喜びを手に入れることができるでしょう。

Rune and Aromatherapy

ᚷ

7　GEOFU ギューフ

愛で満たされた人生の約束

Keyword

アルファベット：G
シンボルカラー：紺
守護石：オパール
精油：イランイラン
アロマブレンド：エキゾチック

【イランイラン精油】

ギューフのメッセージを実現へと導いてくれるのはイランイラン精油です。愛情を受け取り、表現するためには、自分自身が愛に対してアンテナを張る必要があります。その点イランイランの香りには満ち足りた愛情を感じる力があります。

イランイランはフィリピン語で「花々の中の花」という意味を持ちます。甘くエキゾチックで特徴的な香りは「最も女性らしい香り」と支持されています。花びらはまるで自由と愛を象徴するかのようにのびやかに巻き上がり、風に揺れる姿は妖艶でうるわしく、魅力的です。

イランイラン精油には催淫特性があり、インドネシアでは新婚カップルのベッドにイランイランの花びらをまくという風習があります。精油の主成分の安息香酸ベンジルが、ホルモンバランスを整え、高揚感や多幸感もたらしてくれます。イランイランの香りを嗅いだときに、何ともいえない官能的な幸せを感じたという経験がある人も多いでしょう。ギューフのいう「愛」に対する共感性が高まり、実感できるのです。

また恋人やパートナーと時間をともにするときには、イランイランの優雅な芳香により、心が解放され、癒しがもたらされます。ストレスや怒りの感情が芽生えても、主成分リナロールや安息香酸メチルがそれぞれの感情を解きほぐしてくれます。

まさに愛の精油「イランイラン」を用いることで、今必要とされる愛を受け取り、ギューフのメッセージを昇華できるでしょう。

【イランイラン精油の特徴】

●心への働き　落ち込んだ気分を前向きに変えてくれます、同時に恋愛に対してもポジティブになれます。それは香りを嗅ぐことで官能的な高揚感を得られ、幸福感に包まれて愛情を感じられるからです。もしつらいことがあっても、アドレナリンの流出を抑制して神経系をリラックスさせてくれます。

●身体への働き　ホルモンのバランスを調整し、生殖器系の強壮にも役立ちます。過呼吸や高血圧にもよいとされています。肌へは皮脂バランスをよくする作用があり、脂性肌と乾燥肌のどちらにも使用できます。ただし刺激性も報告されているため、少量から試すのがベストです。

●ギューフとの相乗効果　不安な気持ちに押し潰されそうになり、愛情が実感できないとき、ギューフの愛のメッセージをしっかりと体感するには、イランイラン精油の魅惑的な香りに包まれるのが最も効果的です。甘くエキゾチックな香りのもつエネルギーで心が解放され、愛情をキャッチし、表現することに積極的になれます。

【イランイラン精油を使ってアロマを味方につけよう～アロマレシピ】

うっとりするイランイラン精油で作るピロースプレー

〈材料〉

精製水　45㎖、無水エタノール　5㎖、イランイラン精油　1滴、ラベンダー精油　2滴、スイートオレンジ精油　2滴、スプレー容器、ビーカー、ラベル、ガラス棒

〈作り方〉

① ビーカーに無水エタノールを入れて精油を加え、ガラス棒でよく混ぜる。

② ①に精製水を加え、よく混ぜてからスプレー容器に移し替える。

③ 作成日をラベルに書いてボトルに貼る。冷蔵保存で2週間で使いきる。

眠る前に枕にひと吹きしてください。アロマを味方につけて運を開きましょう。ギューフのメッセージどおり、あなたの人生は愛で満たされたものになるでしょう。

ウィン

【精油：ゼラニウム】

喜びと勝利が今、手の中に

【ルーンの意味】

ウィンの形は偉大なる神オーディンの持つ杖をかたどっているといわれています。このルーンは喜びを意味しています。栄光をつかみ取り、勝利に酔いしれるような、素晴らしいときを過ごす時期です。ずっと望んでいた夢がかなったり、目標にしていたことが成就したりといった、それまでの行動によって自分でつかみ取る果報です。心から歓喜する幸福が今、手に入ります。

家庭の幸せや平和も意味しています。一瞬で消えてしまうような幸運ではなく、平穏が長く続く静かな温かい幸せが得られます。また、ウィンの形はたわわに実った果実、不老長寿のリンゴをかたどっているともいわれています。金銭面でも満たされ、健康面でも長生きをし、はつらつとした毎日を送ることができます。

ウィンが出た場合、迷ったら楽しいことや好きなことを選択しましょう。決してまわりの目を気にしてはいけません。自分の気持ちに正直になれば、自ずと成功を手にして幸運

Rune and Aromatherapy

ᚹ

8　WYNN ウィン

喜びと勝利が今、手の中に

Keyword

アルファベット：W
シンボルカラー：黄
守護石：ダイヤモンド
精油：ゼラニウム
アロマブレンド：フローラル

をつかみます。今はとにかく楽しむときです。

〈逆位置の場合〉

楽しいと思っていたことが急におっくうになり、気持ちがのらなくなります。手にしたと思っていた幸運が実は策略だったり、間違っていたりします。平穏な家庭がちょっとした食い違いでギクシャクします。

ウィンの逆位置は、果実が地面に落ちて腐っているような状態です。落ちた果実はもう木には戻らずに腐敗していきますが、時間がたてば肥料になり、肥沃な土壌を得ることができます。しかし、今はまだそのときではありません。豊かな土壌ができるまで、耐えて過ごしましょう。

【ゼラニウム精油】

ウィンのメッセージを補足して、幸運へと導いてくれる精油はゼラニウムです。ゼラニウムは17世紀頃の西洋では悪霊除けとして家のまわりに植えられていました。今でもヨーロッパの窓辺にはゼラニウムがよく見かけられます。

その甘く優雅な香りをかぐと、いつのまにか心の中が温かくなって、幸せな夢を見ているようなロマンティックな気持ちになります。ゼラニウムの香りは、幸せの象徴でもあります。まさにウィンのための香りです。

ふんわりとした優しいフローラル調の芳香は、沈んだ気持ちを和らげてくれます。甘いだけではなく、どこか青々しいミンティグリーン調の香りがあり、気持ちのバランスをとるのに役立ちます。

主成分ゲラニオールは免疫向上作用があり、ストレスを軽くして、ホルモンバランスの乱れを整えます。

また主成分シトロネロールは気持ちを明るくする作用があります。


【ゼラニウム精油の特徴】

●心への働き　気持ちを楽しくさせ、幸福な気分にさせてくれます。ストレスを軽減させ心を軽くし、温かな気持ちになります。

●身体への働き　ホルモンバランスを調整します。女性特有の更年期の症状や、血行促進にも役立ちます。抗炎症作用もあり、神経系の痛みにも有益です。

●ウィンとの相乗効果　魔除けとして邪気を払い、喜びや幸運を引き寄せてくれるゼラニウムこそ、ウィンに似合う香りです。ラッキーへの感知度をアップさせて幸せを逃しません。ウィンで得る楽しい気持ちを持続させ、気分を軽くして喜びに浸ることができるでしょう。ゼラニウムの香りで喜びを引き寄せ、幸せをかみしめるのです。

Aroma Recipe

【ゼラニウム精油を使ってアロマを味方につけよう～アロマレシピ】

幸福なバスタイムにゼラニウム精油の石けん

〈材料〉

MPソープベース（クリア）100g、ゼラニウム精油 10滴、
ラベンダー精油 5滴、シリコーン型、ビーカー、耐熱容器、竹串

〈作り方〉

① MPソープを耐熱容器に入れ、電子レンジで溶かす（500wで約40秒ほど）。

② ①に精油を入れ、竹串でよく混ぜる。熱いうちにシリコーン型に流し込む。

③ 風通しのよい場所に1～2時間置き、固まったら型から出す。3～4日乾燥させる。

お風呂場で保管すると湿気により溶けやすいため、使用後はよく乾燥させましょう。

ハガル

突然のアクシデントが起こる

【精油：サンダルウッド】

【ルーンの意味】　正逆位置とも同じ

ハガルにはアクシデント、困難といった意味があります。アングロ＝サクソンのルーン詩では天からハガル＝雹《ひょう》が降ってくる情景が詠われています。雹は大きな氷の塊で、農作物被害や家屋被害を起こし、頭部に当たれば死の危険性さえ危ぶまれます。それまで晴れていたのに突然空が暗くなり、石のような塊の雹が降ってきます。ハガルは、思いもよらない場面で起こるアクシデントや、急展開した苦境などを暗示しています。

人の力ではどうしようもない大きな災いや障害の意味があり、天災や回避の難しい障壁を表します。ルーン占いでハガルが出た場合は、たいへん苦しい状況を示唆しているので、慎重に行動しなければいけません。ふいに起こるもめごとや、痛みを伴う出来事が起こったとしてもあわててはいけません。雹は突然降り出しますが、時が経てば必ず止むのです。困難は必ず終わりますから、今はぐっと耐え忍びましょう。

もし困難に立ち向かい、戦いを選んだ場合も、大きな厚い壁に阻まれ、身動きが取れな

Rune and Aromatherapy

ᚺ

9 HAGALL ハガル

突然のアクシデントが起こる

Keyword

アルファベット：H
シンボルカラー：水色
守護石：オニキス
精油：サンダルウッド
アロマブレンド：エキゾチック

くなります。しかしいかなるダメージを受けたとしても、それが今後の自分のためになると信じて、自暴自棄にならないようにしましょう。この抗いようのない辛苦は、ある意味自らを研鑽《けんさん》するための試練です。じっと耐える力や受け流す力を身に着け、人とのつながりを今まで以上に大切にするのです。そして必ず来る晴れの日を待ち、その日のために今できることを探して自分を磨きましょう。

【サンダルウッド精油】

ハガルのメッセージを補足して幸運へと導いてくれる精油はサンダルウッドです。気持ちのダウン効果のあるサンダルウッドは、耐え忍ぶ強さを与えてくれる香りです。困難は必ず終わるからじっと待つべし、というハガルの状態に適しています。

サンダルウッドは古くから天啓に関わりがあり、瞑想や宗教儀式に使用されてきました。アーユルヴェーダや中医学においては、薬剤として重宝されました。

サンダルウッドの主成分であるセスキテルペン類には、解熱作用や鎮静作用があり、痛みを軽減させてくれます。

精神面では、神々《こうごう》しい深く甘い香りが、気持ちを落ち着かせ、静寂をもたらします。不安な心を鎮めるので、困難に見舞われたハガルにとって、この香りは救いとなるでしょう。

主成分サンタロールには緊張を和らげる鎮静効果があり、深いリラックスを生みます。

瞑想などにサンダルウッドのお香が使われてきたのはこのためです。

【サンダルウッド精油の特徴】

●心への働き 時が止まったような深い静寂が訪れます。鎮静作用があり、リラックス効果により、緊張を解きほぐします。つらい過去の記憶から逃れたいようなときに使用することもあります。ありのままを受け入れるのを助けます。

●身体への働き 抗炎症作用や殺菌作用があり、泌尿器系・呼吸器系の不調に役立ちます。また鎮痙作用、強壮作用がリラクゼーションを促します。肌に対しては軟化効果があり、乾燥肌に合っています。

●ハガルとの相乗効果 ハガルの意味する困難やアクシデントからじっと耐えるために、気持ちを鎮め、落ち着かせてくれる作用があります。つらくて寒い冬のときが終わるまで、サンダルウッドの深い瞑想を導く香りがあなたを助けてくれるでしょう。悲しくつらい感情を、静寂の香りで包んでくれます。この香りに身をゆだねて今はじっと耐えましょう。

【サンダルウッド精油を使ってアロマを味方につけよう〜アロマレシピ】

いやなことを洗い流すサンダルウッド精油のクレンジングオイル

〈材料〉
グレープシードオイル　30㎖、サンダルウッド精油　2滴、保存容器（遮光瓶）、ビーカー、ガラス棒、ラベル

〈作り方〉
① ビーカーにグレープシードオイルを入れ、精油を加える。ガラス棒で混ぜる。
② ①を保存用遮光瓶に移し替える。
③ 作成日をラベルに書いて容器に貼る。冷蔵保存で1か月で使いきる。

サンダルウッドは乾燥肌に向いています。肌を軟化させるのにも有効です。香りが残りやすいので精油量は控えめにしました。オイルを手に取り、肌を優しくなでながらメイクとなじませます。その後お湯で流します。グレープシードオイルには肌表面をなめらかにする収れん効果もあります。汚れと一緒につらい出来事も洗い流しましょう。

ᚾ ニイド

［精油：スイートマージョラム］

何かが欠けている

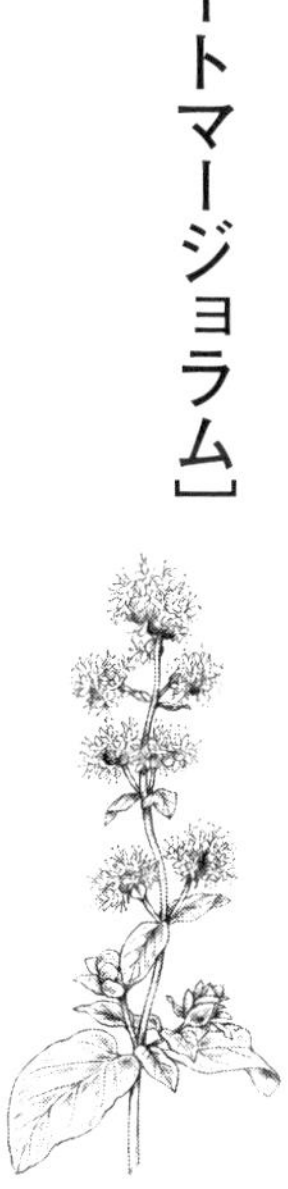

【ルーンの意味】

ニイドは何かが欠けていて足りない様子を表しています。英語のneed（必要である）の語源と同じとされています。欠けているものは何でしょうか。物質的に満たされないこともあるでしょう、心がぽっかりと空洞になったような欠乏感を味わうこともあるかもしれません。

必要な物が足りないとき、あなたはどうするでしょうか。じっと我慢してそのときを耐えるか、どうして足りないのか、どうやったら満たされるのかと熟慮して行動に移すか、それを決めるのはあなた自身です。忍耐強く待つこともメンタルが鍛えられます。足りないものを得るために計画を立てて行動に移すことは、あなたの勇気を育むでしょう。満たされない状態はとてもつらく困難ですが、その先には必ず得るものがあります。

アングロ＝サクソンのルーン詩にはこうあります。「欲求は心を締めつける、しかし心して見るとき、人の子を助け救うものでしょう」と。自分の弱さや欠点を心から見つめる

ᚾ

10　NIED ニイド

何かが欠けている

Keyword

アルファベット：N
シンボルカラー：黒
守護石：ラピスラズリ
精油：スイートマージョラム
アロマブレンド：ハーブ

ときが来たのです。目をそらさずに自己を冷静に判断して、強く生きる術を探してください。きっと耐えた分だけ成就へ近づくでしょう。

〈逆位置の場合〉

ニイドは逆位置の場合も文字の形があまり変わりません。ただし横枝が下部の幹を突き刺すような形になり、さらなる困難を示唆しています。正位置と同じように飢えた欠乏感を味わうことになりますが、さらなる忍耐力を必要とします。年長者の意見を真摯《しんし》に聞くことが重要です。

【スイートマージョラム精油】

ニイドのメッセージを補足して幸運へと導いてくれるアロマはスイートマージョラム精油です。この精油はものさびしくて抜け殻になってしまった心を温めてくれます。慰めや優しさを与えてくれる上品な甘い香りは、満ち足りた気持ちを導いてくれます。悲しみを軽減し、そっと傍に寄り添ってくれるぬくもりに満ちた精油です。何かが足りなくて不安定なニイドにとって、一番必要とする香りです。

1世紀頃活躍した医師、ディオスコリデスが作った軟膏には、マージョラムが配合されていました。これは神経系を温めて強壮する作用があります。

主成分のテルピネン-4-オールには免疫調整作用や強壮刺激作用があり、体を温め、全体のバランスをとってくれます。精神面では鎮静作用があるので、さびしさや心細さを拭い去り、ほっとする温もりを感じさせてくれます。孤独感や空虚感にさいなまれているニイドにはもっとも適した香りです。

【スイートマージョラム精油の特徴】

●心への働き　悩み考えすぎて行き詰ったとき、リラックスさせてくれ、心を温めます。何かを失い、喪失感でいっぱいになった気持ちを慰め、愛と幸福を与えてくれます。

●身体への働き　免疫を強壮する作用があり、体力回復や虚弱体質改善にも役立ちます。血液やリンパ液の流れをよくする静脈強壮作用があります。

●ニイドとの相乗効果　ニイドの意味する「喪失感」で押し潰されそうになった心を、スイートマージョラムの甘く優しい芳香が慰めてくれます。傍に寄り添うようにそっと癒し、心を温めて不安感を取り除いてくれます。飢餓感を埋めてくれるのは、この心の休まるスイートマージョラムの香りです。

Aroma Recipe

【スイートマージョラム精油を使ってアロマを味方につけよう～アロマレシピ】

心を満たしてくれるスイートマージョラム精油のボディオイル

〈材料〉

スイートアーモンドオイル　30㎖、スイートマージョラム精油　3滴、ローズマリー精油　3滴、保存容器（遮光瓶）、ビーカー、ガラス棒、ラベル

〈作り方〉

① ビーカーにスイートアーモンドオイルを入れ、2種類の精油を加える。ガラス棒でよく混ぜる。

② ①を保存用遮光瓶に移し替える。

③ 作成日をラベルに書いてボトルに貼る。冷蔵保存で1か月で使いきる。

スイートマージョラム精油は安眠を促す作用もあります。お風呂上がりにボディトリートメントで使用してストレス解消に役立ちます。ホッと温まる香りで癒されましょう。

イス

氷で閉ざされた世界で身動きがとれない

［精油：パチュリ］

【ルーンの意味】　正逆位置とも同じ

イスは北欧神話の中では特別な意味を持つ「氷」を表しています。この世は火と氷の衝突によって生まれました。北欧は雪や氷に包まれる冬がとても長い地域です。冷たい氷はすべてを停滞させ、閉ざしてしまう過酷な存在です。北欧の人々にとって自然の脅威であると同時に、とても身近な存在でもあります。

すべては凍結され、消えて失ったというわけではありません。冷たい氷に閉ざされた土壌の下には、小さな命が世に出てくる準備をしています。草花の種子は氷の下でもしっかりと生き永らえ、温かい春は今か今かと待ちわびているのです。

イスの意味する氷には、2つの意味があります。1つは停滞、保留、現在の苦境は何も変わらないという意味。そしてもう1つは、その苦境を耐え抜けば必ず報われ、温かい春が来るという意味です。

このルーンが出ると、さまざまな角度から困難な状況を脱しようとしても、うまくいか

Rune and Aromatherapy

ᛁ

11　IS イス

氷で閉ざされた世界で身動きがとれない

Keyword

アルファベット：I
シンボルカラー：黒
守護石：キャッツアイ
精油：パチュリ
アロマブレンド：エキゾチック

ないどころかさらに悪化します。恋愛は相手の心が冷めていくことを、食い止めることができません。仕事もスランプに陥り、こう着状態が続きます。家庭内では家族の冷えきった態度に心を痛め、すっかり気力をそがれていまいます。

しかし、氷は春が来れば溶けるものです。現在の停滞した状況は、時間が過ぎるのを待つしかありません。今は静観してじっと春が来るのを待ちましょう。

【パチュリ精油】

イスのメッセージを補足して幸運へと導いてくれるアロマはパチュリ精油です。パチュリの香りは、氷の下で春の準備をしている草花の芽吹きを支えている「土」の香りがします。エキゾチックであり、スモーキーな面を持つ芳香は、どこか懐かしい温かみのある、ノスタルジックな香りも併せ持ちます。グラウンディング効果のある静かな香りは、地に足をつかせ、現実の中でバランスを保ち、耐え忍ぶ底力を生みます。

パチュリの生葉自体には香りがなく、発酵させて精油を得て初めて、深みのある落ち着いた香りが生まれます。また時が経つほど香りが育ち、熟成して品質が上がるという珍しい精油です。

主成分のパチュリアルコールには鎮静作用があり、気持ちを鎮めてくれます。また強壮作用、免疫力を上げる作用もあるので、落ち込んで疲れた体を癒してくれます。

土を連想させる落ち着いた香りが、イスのつらくさびしくて縮こまった心を温め、強迫観念を解き放ってくれます。

時に過労や心労で免疫力が落ちてしまうことがありますが、そんなときにもパチュリの抗感染作用はあなたを助けてくれるでしょう。

【パチュリ精油の特徴】

●心への働き　無気力でやる気の出ないうっ屈とした気分を和らげ、心のバランスをとります。客観的な視点をもたらし、冷静に安定した感情を芽生えさせます。低く甘いスパイシーな香りが気分を鎮め、地に足がつくようにどっしりとした安定感を生みます。

●身体への働き　肌への収れん作用、組織再生作用があります。また利尿作用により、水分の停滞解消に役立ちます。

●イスとの相乗効果　冷遇の中で心まで凍ってしまったようなイスに対し、温かく懐かしい香りが心身を温めてくれます。負が蓄積していくイスの暗示を打ち破るように、どっしりとしたパチュリの芳香が、すべてを受け止め、浄化してくれます。寒く滞った現状を緩和して、必ず来る春を待つまでの耐力を授けてくれるのです。

【パチュリ精油を使ってアロマを味方につけよう～アロマレシピ】

頭皮を引き締めるパチュリ精油のシャンプー

〈材料〉

無香料石けんシャンプー　50㎖、パチュリ精油　2滴、パルマローザ精油　2滴、ラベンダー精油　4滴、シャンプー容器、ビーカー、ガラス棒、ラベル

〈作り方〉

① ビーカーに無香料石けんシャンプーを半分入れ、精油をすべて加える。ガラス棒でよく混ぜる。
② 残りのシャンプーを加え、よく混ぜてからシャンプー容器に移す。
③ 作成日をラベルに書いてボトルに貼る。常温で1か月以内に使いきる。

収れん作用のあるパチュリは頭皮ケアにおすすめ。リラックス効果のあるラベンダー精油と、気分を明るくさせるパルマローザ精油でバスタイムを豊かにしてくれます。

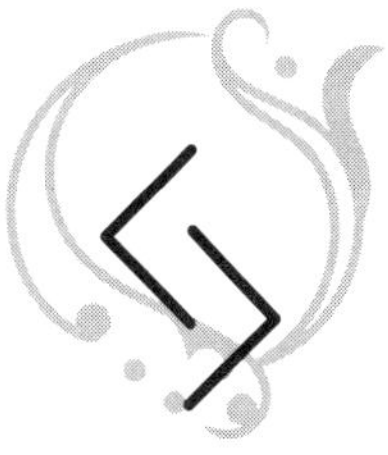

ヤラ［精油：ローズマリー］

実り多い一年の集大成

【ルーンの意味】　正逆位置とも同じ

ヤラの形は夏と冬が向き合っているのを表しており、英語の年（year）の語源とされています。中世のヨーロッパでは1年は夏と冬で構成されていました。ヤラのルーンは「1年」を意味します。

いよいよ収穫のときです。1年間の努力が報われる集大成の時期となります。頑張ってきたことに対する成果が表れるので、この1年多くの試練を乗り越え、奮闘した人ほど、大きな恩恵を受けるでしょう。

夢や目標に対して、誠実な気持ちで実直に進めていたことが実をつけます。積み重ねてきたことが大切なので、突然の幸運やギャンブル的な金運とは違います。地道に努力をして小さな種から育ててきた出来事こそが、今認められます。

恋愛面では長く友達として信頼をおいていた人と結ばれます。仕事面では、過去の業績が認められ、躍進します。家庭では協調性を持って皆を率い、慕われるよき家庭人として

ᛃ

12　JARA ヤラ

実り多い一年の集大成

Keyword

アルファベット：J
シンボルカラー：水色
守護石：カーネリアン
精油：ローズマリー
アロマブレンド：ハーブ

家族から愛されます。普段からまじめで素直な人ほど報われる時期です。行いが認められたら謙遜せず、迷うことなく、たわわに実った果実を収穫して喜びに身を任せましょう。日々は繰り返されるものです。今得た成功や利益におごることなく、新たな年を堅実に歩みましょう。そうすればまた1年後には、素晴らしい成果が期待できます。

【ローズマリー精油】

ヤラのメッセージを補足して幸運へと導いてくれる精油はローズマリーです。ローズマリーは強い芳香性を持ち、その香りはクリアで清涼感があり、気分をリフレッシュさせてくれます。多年草で育てやすく、1年中葉をつけていて、いつでもそのハーブを摘むことができます。収穫を司るヤラのための植物といえます。

ローズマリーというと、その葉を水に浸して作った14世紀頃の「ハンガリアンウォーター」が有名です。当時のハンガリー王妃がローズマリー水を使用して若返り、ポーランドの王子にプロポーズされたという逸話があります。若返りの秘密は、ローズマリーの老廃物を分解して流す作用のためだといわれています。

また、古代ローマでは記憶の象徴とされていました。この香りには頭脳明晰効果があり、頭をはっきりとさせるので記憶とつながっていると考えられました。現代でもこの精油を使った認知症予防に対する研究に力が注がれています。シャープですっきりとした香りは、脳への血流をよくし、海馬に働きかけて記憶力を向上させます。
主成分の1,8シネオールには免疫増強作用があり、疲れを回復させ、体力を増幅させます。主成分カンファーは筋肉痛や腰痛に役立ち、ヤラの収穫の時期にやる気や行動力を高めてくれるでしょう。

【ローズマリー精油の特徴】

●心への働き　自尊心を高めてくれます。無気力で憂鬱な気分を解消し、物事に前向きになります。ローズマリーのクリアで透き通った香りが精神的疲労を回復させ、活力を取り戻してくれるのです。

●身体への働き　集中力を高め、神経を強壮させます。脳への血流をよくし、記憶力を高めます。疲労困ぱいした心を元気づけて免疫力を高めます。また低血圧や手足の冷えにも役立ちます。

●ヤラとの相乗効果　1年間の成果が実る喜びのときです。ローズマリーの香りでやる気をアップして、豊作をたっぷりと味わいましょう。収穫が終わったら次の1年を頑張るためのエネルギーを、ローズマリー精油から授かりましょう。ローズマリー精油は疲れた体を回復させる作用があります。心身のメンテナンスをして次の1年に備えましょう。

Aroma Recipe

【ローズマリー精油を使ってアロマを味方につけよう〜アロマレシピ】

気分すっきり！　頭皮をケアするローズマリー精油のヘアオイル

〈材料〉

ホホバオイル　30㎖、ローズマリー精油　3滴、レモングラス精油　1滴、保存容器（遮光瓶）、ビーカー、ガラス棒、ラベル

〈作り方〉

① ビーカーにホホバオイルを入れ、精油を加える。ガラス棒でよく混ぜる。
② 保存用遮光瓶に移す。
③ 作成日をラベルに書いてボトルに貼る。冷蔵保存で1か月で使いきる。

引き締め作用のあるローズマリー精油と、デオドラント作用のあるレモングラス精油をブレンドします。血流もよくして頭をすっきりとさせてくれます。ローズマリーは通経作用があるため、妊娠中は控えましょう。

ユル

終わりが来れば新しい何かが始まる

［精油：ベチバー］

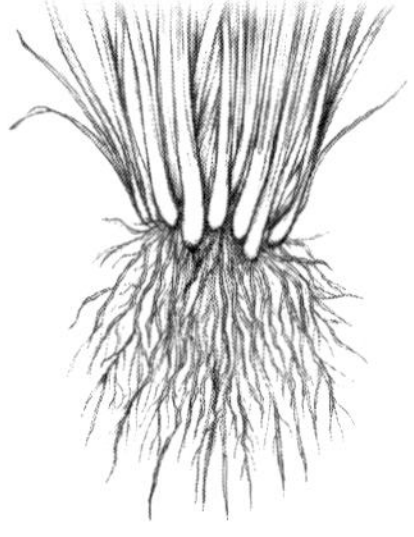

【ルーンの意味】　正逆位置とも同じ

ユルはイチイの木を表すルーンです。イチイは日本全国に生息する耐寒性の強い常緑針葉樹です。北欧ではしなやかな樹木の特性を生かして、弓作りに活用されてきました。またこの木は何百年も生息することから、不滅樹として墓地に植える習慣があります。そういったことから死のイメージがつき、ネガティブに捉えられることもしばしばあります。

ユルは終末や終止符といった、終わりを表しています。それまで続いていた習慣が変わったり、長らく同じだった環境に突然終結が訪れたりします。人との別れや、大きな仕事の打ち切りなど、断念せざるを得ない状況下に置かれます。

つらい別れも訪れます。悲しみの底に沈むことがあるかもしれません。

しかし1つの流れの終結は、転換と再生のときともいえます。ユルで再び立ち上がるための、起死回生のチャンスに恵まれたのです。それまでの抜け出せないルーティーンや、変えたくても変えられなかった境遇を、思いきって捨て去り、新しい自分に生まれ変わる

Rune and Aromatherapy

ᛇ

13　YR ユル

終わりが来れば新しい何かが始まる

Keyword

アルファベット：Y
シンボルカラー：紺
守護石：トパーズ
精油：ベチバー
アロマブレンド：エキゾチック

ときが来たのです。

崩壊には必ず再生が対となって存在します。愛を失っても必ずよみがえり、職を変えても新しい世界を得ることができます。怖がらず、終わることを受け入れましょう。波乱や障害に対してあわてることなく、対策を練り、自分を守る準備をしてください。


【ベチバー精油】


ユルのメッセージを補足して幸運へと導いてくれる精油はベチバーです。ベチバーはイネ科の植物で、主に熱帯地域で生息し、日本では田畑のあぜなどに多く見られます。精油はその根から水蒸気蒸留法で取り出します。落ち着きのあるウッディ調の芳香が特徴的で、「静寂の精油」という異名を持つほど、優れた鎮静作用があります。

強いストレスがかかったような精神状態を和らげ、神経を鎮めてくれます。何もかも消えてしまったような喪失感や終末の虚しさを埋めるように、気持ちのバランスを整えて心にリラックスをもたらします。深く趣きのあるスモーキーなぬくもりのある香りは、ユルが示す絶望の淵から引き上げてくれるでしょう。

主成分のベチベロールには緊張を緩和する鎮静作用があり、幸福感を増すような深いリラックス効果が得られます。大地にしっかりと足をつけ、地球とつながるような安寧の気持ちを思い出させてくれる香りです。

ベチバーの根は古ければ古いほどよい香りが取り出せるという、不思議な性質があります。取り出した精油も時間がたつほど深みと温かさが増します。人も同じように年齢を重ねるほど深みを増し、経験を積んだ分、世の中を見極める慧眼《けいがん》を持つでしょう。

【ベチバー精油の特徴】

●心への働き　不安定で興奮した気持ちを落ち着かせる鎮静作用があります。緊張をほぐし、精神の消耗を解消します。決断力や勇気を思い出させてくれる、心の支えとなる香りです。

●身体への働き　筋肉痛や疲労回復に適しています。血流をよくし、体全体のリフレッシュに役立ちます。アーユルヴェーダでは、ベチバーは喉の渇きや頭痛を緩和させます。不眠症にも役立ちます。

●ユルとの相乗効果　何かが終わり、何かが始まる、そんな死と再生のユルに対し、怖がらずにすべてを受け止めるどっしりとした落ち着きを与えてくれます。土に根を張り、忍耐力と冷静さを持ち合わせたベチバーの香りが、必ずや一助となります。転換期は不安定なものですが、ベチバーの強力なグラウンディング効果で前向きに物事を進められます。

【ベチバー精油を使ってアロマを味方につけよう～アロマレシピ】

深い瞑想の世界へ～ベチバー精油のスティック練り香

〈材料〉

ホホバオイル　4g、ミツロウ　2g、ベチバー精油　1滴、イランイラン精油　1滴、ゼラニウム精油　2滴、リップケース、ビーカー、竹串、湯煎器具、ラップ

〈作り方〉

① ビーカーにホホバオイルとミツロウを入れてラップをし、湯煎にかける。完全に溶けたら火からおろし、精油を加え、竹串でよく混ぜる。

② リップケースに移し、固まるまで待つ。

③ 作成日をラベルに書いてケースに貼る。冷暗所保存で2月以内に使いきる。

手首や首筋などに塗ってください。液体の香水よりも香りが控えめで使いやすくなっています。持ち運んで気づいたときに使えるので便利です。

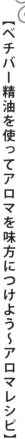

ペオース【精油：レモン】

千載一遇のチャンスが訪れる

【ルーンの意味】

ペオースはまたとないチャンスといった、幸運を表しています。ペオースの形はダイスカップを表現しています。ダイスカップはダイスの目を当てる賭けに使用する器です、これは偶然手に入る幸運やリスクの大きい挑戦を意味しています。

運が向いてきました。ハプニングやトラブルまでも好機に変えてしまうようなツキに恵まれます。偶然起こった出来事でも意味があるのです。ギャンブル的な要素が強い事柄で幸運を発揮します。

プレッシャーに打ち勝ち、リスクを乗り越えて選んだ道は、必ず自分の成功に近づきます。大切なのは保留にせずに決断をすることです。この運気をみすみす逃す手はありません。難しい問題にも立ち向かい、ダイスを投げるような気持ちで決定してください。きっとあなたの思うように道は開けます。

またペオースは家族の陽気なにぎわいも示しています。皆が喜びに満ちあふれ、笑いが

14　PEORTH ペオース

千載一遇のチャンスが訪れる

Keyword

アルファベット：P
シンボルカラー：黒
守護石：アクアマリン
精油：レモン
アロマブレンド：シトラス

絶えない、明るい家庭が象徴的です。楽しみに時間を費やして豊かな日々を送るでしょう。

〈逆位置の場合〉

ペオースが逆位置の場合、偶然の結果が悪く出ることを暗示しています。正位置ではすべてが吉と出ましたが、逆位置の場合、その反対になります。大きなチャンスが訪れても予期しない損失や不運に見舞われます。今は何をやってもうまくいきませんが、あまり深刻になることもありません。ペオースの意味する賭け事は一時の出来事です。不安を感じたらすぐに手を引いて静観するようにしましょう。

【レモン精油】

ペオースのメッセージを補足して幸運へと導いてくれる香りはレモン精油です。明るくて陽気なイメージのレモンは、香りもそのままフレッシュでさわやかです。すっきりとした芳香は嗅いだ瞬間にパッと頭を明瞭にしてくれます。そして気持ちを明るくして、未来への希望を与えてくれるのです。それだけでなく、さい疑心や敵対心を一掃して信頼と安心を得ることができます。清涼な香りがペオースの瞬発力を補助することでしょう。

主成分のリモネンは血液促進作用や免疫刺激作用があり、体力回復に力を示します。爽快感を得られるので、うつうつとした気持ちを転換させるのに役立ちます。

特徴成分のβ-ピネンは抗感染作用や抗炎症作用があることから、頭痛や神経痛を和らげてくれます。

【レモン精油の特徴】

●心への働き　失敗したとしても、すぐに切り替えて前向きになれます。酸味のある香りが集中力を高めてくれるので、インスピレーションを働かせる場面に向いています。気を高揚させつつ、頭はっきりとするので、決断に迷ったときに有益です。

●身体への働き　血流をよくし、循環器系への強壮作用があります。高血圧にも役立ち、ラベンダーやメリッサとブレンドすると効果を発揮します。また抗ウィルス作用により、流行性感冒にも適しています。

●ペオースとの相乗効果　ペオースの意味する偶然のチャンスをつかむための、一瞬の決断力を高めて手助けしてくれます。爽快で陽気な香りは、何かをし損じてもくよくよすることなく、ポジティブシンキングを促してくれます。挑戦する活力を与えてくれるフレッシュで前向きな香りです。さあ、香りを味方につけてチャンスをものにしましょう！

Aroma Recipe

【レモン精油を使ってアロマを味方につけよう〜アロマレシピ】

チャンスを逃すな！　空気清浄レモン精油の玄関スプレー

〈材料〉

精製水　25㎖、レモン精油　4滴、ユーカリ精油　2滴、無水エタノール　5㎖、スプレー容器、ビーカー、ガラス棒、ラベル

〈作り方〉

① ビーカーに無水エタノールを入れ、精油を加える。ガラス棒でよく混ぜる。

② ①に精製水を加え、よく混ぜてからスプレー容器に移し替える。

③ 作成日をラベルに書いてボトルに貼る。冷蔵保存し、2週間で使いきる。

抗菌作用のあるユーカリと合わせて、玄関まわりの浄化を図ります。レモンの香りはトップノートといって最初に香ったあと、すぐに消えるので、多めに配合します。レモンには光毒性があり、紫外線に注意が必要なため、人にはかからないようにしましょう。

エオロー 【精油：ラベンダー】

友と喜びを分かち合おう

【ルーンの意味】

エオローは友情を意味するルーンです。エオローの形は頭に大きな角《つの》を持つ大鹿を表現しています。大鹿は常に群れで行動することから、北欧地域では友情の象徴として親しまれています。

大きな角は戦いの場面でも役に立つよう、争いごとから守る保護の意味もあります。もしも誰かと対立するようなことがあっても、自分の大切なものは守り抜けるでしょう。また、誰かが助けを求めているときにも、何かしらの援助ができるはずです。互いに助け合いながら、寒い冬を越す大鹿の群れのように、グループやチームで補佐し合いましょう。

エオローのルーンは3本の線で角を表していますが、3人一束のような仲間をも意味しています。まわりの人に恵まれ、支え合いながら平和な人間関係を築けます。

災難や紛争からも遠ざかり、平穏な毎日が送れます。突然の災いが降りかかるような心配はありません。それまで苦手だった事柄や人物からも、遠ざかることができます。エオ

Rune and Aromatherapy

ᛉ

15 EOLH エオロー

友と喜びを分かち合おう

Keyword

アルファベット：Z
シンボルカラー：白
守護石：アメジスト
精油：ラベンダー
アロマブレンド：フローラル

ローの保護の運気に守られています。

〈逆位置の場合〉

エオローが逆位置になると、勇敢な大鹿の角が下部を向き、地に倒れた状態を表します。自分を守ってくれる角も信じられず、無防備になってしまった状態は、病やトラブルを引き起こします。正位置では友情を表しましたが、逆位置の場合は仲間の罪をかぶるような犠牲にあったり、人に利用されたりします。この時期は新しい仲間づくりは避けましょう。

【ラベンダー精油】

エオローのメッセージを補足して幸運へと導いてくれる精油はラベンダーです。古くから癒しのハーブとして広く知られている甘く穏やかな香りは、柔らかで優しく私たちの心を包んでくれます。フローラルな中にもウッディな芳香が溶け込み、くっきりとしたハーブ特有のみずみずしさが気持ちをすっきりさせてくれます。エオローのもつ仲間意識を高めて、誰にでも優しくできる思いやりを芽生えさせてくれる香りです。

ラベンダーには消毒作用があり、古くヨーロッパではラベンダー水で傷を洗っていました。ラベンダーの語源となったラテン語のLavareは「洗う」という意味があります。

主成分の酢酸リナリルは、人を癒す香りとして有名です。1世紀の医師ディオスコリデスが、ラベンダーの香りを「汝《なんじ》の胸にある憂《うれ》いに効果がある」と推奨していたほど、古くからその効果は認められてきました。これは酢酸リナリルが神経バランスを回復させ、不安定な気持ちを整えてくれることからきています。

また、リナロールは鎮静作用、抗うつ作用があり、怒りを和らげ、沈んだ気持ちを解消してくれます。静かで落ち着いたラベンダーの香りは、自らを保護し守ってくれます。

【ラベンダー精油の特徴】

●心への働き　疲労回復にすぐれ、中枢神経系のバランスを調節します。気持ちを落ち着かせ、ふさいだ心を癒してくれます。また不満やイライラした気分を解き放ち、ストレスを軽減させてくれます。心を穏和に保ってくれる香りです。

●身体への働き　緊張、不眠、高血圧に役立ちます。乾燥で荒れた肌を整え、皮脂分泌のバランスをとります。低血圧症の人の中には感覚が鈍くなりすぎることがあります。通経作用もあるため、妊娠初期は使用を避けましょう。

●エオローとの相乗効果　仲間と助け合い、お互いを思いやる心を養うには、ラベンダーの香りが有用です。ラベンダーの香りはさまざまな感情の救急箱として役立ちます。怒りを抑え、不安を取り除き、悲しみを癒し、人間性を育て、器を大きくしてくれます。仲間が困っているときには、さっと手を差し伸べる気持ちが湧くでしょう。

【ラベンダー精油を使ってアロマを味方につけよう～アロマレシピ】

リラックスバスタイムにラベンダー精油のバスソルト

〈材料〉
シーソルト　40ｇ、無水エタノール　5㎖、ラベンダー精油　3滴、
ヒノキ精油　2滴、ビーカー、ガラス棒

〈作り方〉
① ビーカーに無水エタノールを入れ、2種類の精油を加える。ガラス棒で混ぜる。
② ①をシーソルトと混ぜ、湯船に入れる（塩ＯＫの浴槽に限る）。

気持ちを和らげるラベンダーと、発汗作用のあるソルトでお風呂の時間を楽しめます。

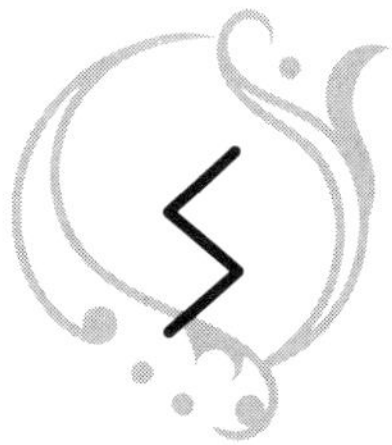

シゲル

光の中、信じた道を進めば成功する

［精油：スイートオレンジ］

【ルーンの意味】　正逆位置とも同じ

シゲルは成功や名誉を象徴する太陽を意味しています。空から陸へ向かって伸びるようなシゲルの形は、太陽の陽光が降り注ぐ様を表しています。明るくすべてを照らす太陽は活力の源であり、皆から崇められるほどの求心力を持っています。まぶしいくらいの陽気さとたくましさは、栄光をつかみ、大成することを暗示しています。

人々はあなたを信頼し、頼りにするでしょう。それに対してあなたも誠実な行いで対応し、環境に応じて大きく活躍します。生来のバイタリティーと愛嬌で何事もうまくこなすあなたは、アドバイザーとしての資質とリーダーシップを兼ね備えています。

何事も思ったとおりに進み、障害があったとしても跳ねのけるパワーがあります。それは屈託のない真正直な性格が影響しており、いつも正々堂々と、暗いことのない日々の行いのおかげでもあります。

もしも病にかかっても短期間で軽くすむような、そんなプラスのエネルギーがあなたを

Rune and Aromatherapy

ᛊ

16　SIGEL シゲル

光の中、信じた道を進めば成功する

Keyword

アルファベット：S
シンボルカラー：金
守護石：ルビー
精油：スイートオレンジ
アロマブレンド：シトラス

光の中へ引き戻し、喜びへと導きます。

この時期に始まった人間関係は強い信頼関係で結ばれます。いつもありのままの姿でいることが大事です。よく見せようと背伸びしたり、偽りの自分を着飾ったりする必要はありません。リラックスして自己を表現しましょう。


【スイートオレンジ精油】


シゲルのメッセージを補足して幸運へと導いてくれる香りはスイートオレンジ精油です。ケラケラと陽気に笑う邪気のない子どもをイメージさせるような、明るくて楽しげな香りです。柑橘系特有のさわやかさと、酸味の中に感じる甘くておいしそうなスィーティーな芳香は、気分を元気にして不安を取り除きます。かたくなって動けなくなるような緊張を和らげて、心を楽天的にしてくれます。

オレンジの木は太陽光を好み、年中青々とした葉を茂らせます。寒い時期でも元気に色濃く育つのは、寒さに耐えうるほど頑丈であるためです。強く明るく元気なオレンジは、まさにシゲルのための香りといえるでしょう。

主成分のリモネンはフレッシュでさわやかな香りの元となり、私たちの心を晴れ晴れとさせてくれます。血行をよくし、消化を促進します。また抗感染作用や免疫刺激作用があり、風邪予防にも最適です。

抑うつ的な気分のときにこの香りを嗅ぐと、心に陽が当たったようにほんわりと温かくなり、緊張を払い去ります。もっと肩の力を抜いていいんだよ、というメッセージを感じ取り、悩みのない気楽な気持ちを思い出させてくれます。

【スイートオレンジ精油の特徴】

●心への働き　完璧主義で凝り固まった考えを柔軟にし、明るく楽天的で前向きにします。リフレッシュとリラックスを同時にもたらします。安眠にも適しています。日本人にとっては親しみやすく、自己肯定感も高めてくれます。人とのコミュニケーションにも前向きになれます。

●身体への働き　食欲不振に対してよく働きます。腸の調整作用があり、下痢や便秘に役立ちます。

●シゲルとの相乗効果　希望に満ちた活力いっぱいのシゲルにとって、唯一無二のよい相棒となる精油です。スイートオレンジの底抜けに明るい香りが、よりエネルギーを持ち、前へと進むための生命力を高めるでしょう。太陽の光をたくさん浴びて、喜びに満ちあふれた今を存分に楽しんでください。陽気で楽しい香りがあなたを元気づけます。

Aroma Recipe

【スイートオレンジ精油を使ってアロマを味方につけよう〜アロマレシピ】

温かい陽だまりを感じるスイートオレンジ精油の半身浴

〈材料〉

スイートアーモンドオイル　5㎖、スイートオレンジ精油　2滴、
ラベンダー精油　1滴、ビーカー、ガラス棒

〈作り方〉

① ビーカーにスイートアーモンドオイルと精油を加え、ガラス棒でよく混ぜる。
② ①を浴槽に入れて半身浴をする。

不安や緊張を解きほぐす温かな半身浴です。ラベンダー精油以外にも、ゼラニウム精油やカモミール精油とブレンドしてもよく合います。みぞおちまで浸かる半身浴は心臓への負担が少ないので、長く浸かることができます。肩が冷えないよう、タオルをかけて保温しましょう。

ティール

戦いと勇気の神ティールが味方に

【精油：ティートリー】

【ルーンの意味】

ティールは北欧神話の戦いの神「ティール神」を意味するルーンです。ティールはオーディン神の息子にあたり、誰よりも勇気があり、戦に勝利をもたらす勇者です。さまざまな武器を操ることから、ティールのルーンの形は槍を表現しています。

ティールはどんな争いでもひるまずに勇敢に立ち向かっていきます。アングロ＝サクソンのルーン詩には「ティールは道しるべなり。人の期待を裏切らない」とあります。人々の代表として責任を負いながら、いかなる困難にも立ち向かいます。

戦うには強い心や勇気が必要です。また判断力も試されます。戦に必要なものすべてを持ち合わせているのがティールなのです。

ティール神が味方についている今こそ、果敢に挑戦することで大きな成功を手にします。闘争心を湧き立たせるのです。戦うことがあなたを幸運へと導きます。

戦いは自分のためだけでなく、まわりの人を助け、誰かのためになる行いかもしれませ

Rune and Aromatherapy

ᛏ

17　TIR ティール

戦いと勇気の神ティールが味方に

Keyword

アルファベット：T
シンボルカラー：明るい赤
守護石：コーラル
精油：ティートリー
アロマブレンド：ウッディ

ん。怖がらずに思いきって行動してください。

〈逆位置の場合〉

槍の先が地面を指し、すっかり勇猛さを失っています。それどころかその槍は暗い趣きをまとい、他人を攻撃する刃《やいば》に変わってしまいます。人との争いが絶えず、お互いを傷つけ合います。自己主張が激しいせいで煙たがられ、どんどんまわりから人がいなくなります。ネガティブな感情が自分を突き刺し、身動きがとれなくなります。

こんなときはできるだけ忙しい状況を避けて気持ちをリラックスさせましょう。気がのらない誘いは断り、自分を磨く時間に使いましょう。

【ティートリー精油】

ティールのメッセージを補足して幸運へと導いてくれる精油はティートリーです。鋭く清潔でフレッシュな香りは消毒薬を連想させます。戦いで傷ついた身体を癒し、シビアな世の中で痛めた心もきれいに洗い流してくれます。

ティートリーの木は生命力豊かで、幹を切り倒しても2年後にはまた伐採できるほど成長します。強くたくましい低木で、オーストラリアの原住民はこれを薬として長く使ってきました。傷に殺菌として使用したり、感染症に抗真菌剤として利用しました。

主成分のテルピネン-4-オールは天然の抗生物質といわれるような強い殺菌作用や抗ウィルス作用があります。副交感神経を強化、活性化する作用もあり、ショックなことが起こったときなどの落ち込んだ気持ちをリフレッシュさせてくれます。

【ティートリー精油の特徴】

●心への働き　神経系を強壮し、慢性的な無気力を改心します。やる気を起こさせ、抵抗力を高めながら意欲をも高めてくれます。

●身体への働き　抗感染作用や免疫強壮作用により、細菌やウィルスなど幅広い感染症に対して免疫力を高めます。精神疲労や神経衰弱にも役立ちます。

●ティールとの相乗効果　正義のために戦う勇敢なティールにぴったりの、意欲と気力を奮い立たせてくれる香りです。第二次世界大戦時の熱帯地方の軍では、この精油を傷の手当として使っていました。殺菌力があり、免疫力を高める効果をもつティーツリー精油は、猛々しく立ち向かうティールのための香りです。大事な勝負時に頭の回転も速くしてくれるでしょう。

【ティートリー精油を使ってアロマを味方につけよう〜アロマレシピ】

やる気を起こして空気を浄化するティートリー精油のリビングスプレー

〈材料〉

精製水　45㎖、無水エタノール　5㎖、ティートリー精油　4滴、ペパーミント精油　3滴、レモングラス精油　3滴、スプレー容器、ビーカー、ガラス棒

〈作り方〉

① ビーカーに無水エタノール入れ、精油をすべて加える。ガラス棒で混ぜる。
② ①に精製水を加え、よく混ぜてからスプレー容器に移し替える。
③ 作成日をラベルに書いてボトルに貼る。冷蔵保存で2週間で使いきる。

冬場の乾いた空気や、こもったいやな気を追い払うように、リビングルーム全体にスプレーしましょう。ペパーミント精油をサイプレス精油に変えても、清々しく清涼感が出ます。肌には直接つかないように注意しましょう。

ᛒ

ベオーク

母なる優しさと安心に包まれる

［精油：ジャスミン］

【ルーンの意味】

ベオークは母性を象徴する「カバノキ（白樺）」を意味します。カバノキの樹液は美肌によい美容効果が高く、北欧時代には女性にたいへん好まれていました。また北欧神話では、カバノキは女神フレイヤと関連づけられています。

フレイヤは母性の象徴の女神で、豊穣と愛を司っています。カバノキは荒れた土地でも耐える力があり、植物に新たな生育地をもたらすことから、古代の人々はカバノキをマザーツリーと呼びました。母性の女神にたとえて敬っていたのです。

ベオークのルーンの形はカバノキをかたどっており、同時に母の乳房も表しています。偉大なる母に見守られているように、穏やかで優しいときが流れます。仲間や子どもたちに恵まれ、思いやりを持って行動することができる時期です。人の世話をし、誰かの役立つことに幸せを感じるでしょう。それはまるで慈悲にあふれ、奉仕の精神で満たされた母のようです。

ᛒ

18　BEORC ベオーク

母なる優しさと安心に包まれる

Keyword

アルファベット：B
シンボルカラー：深緑
守護石：ムーンストーン
精油：ジャスミン
アロマブレンド：フローラル

母性には慈しむ心や優しさだけでなく、大きく構えた包容力もあります。すべてのことに寛容で度量が大きく、人情豊かです。のどかな温もりの中で幸せを感じるでしょう。

〈逆位置の場合〉

ある一定の場所に止まって通例の束縛に苦しみます。家庭内に不和が生じたり、問題が起こったりします。甘え心が増して誰かに依存したり、執着したりします。身近な人間関係はどうしても閉鎖的になってしまいます。思いきって、以前から興味のあったことを始め、交友関係に変化をもたらしてみましょう。

【ジャスミン精油】

ベオークのメッセージを補足して幸運へと導いてくれる精油はジャスミンです。甘美的でエキゾチックなうるわしい香りは、憧れの女性像を連想させます。温かく喜びをもたらす芳香は、情緒を豊かにしてくれます。母性的なぬくもりを感じさせる香気は、私たちの気持ちを和らげ、自信を取り戻させ、多幸感を与えてくれるのです。

主成分の安息香酸ベンジルは、神経バランスを回復させる作用があります。不安な気持ちを落ち着かせ、多幸感や満足感を与えてくれます。更年期の喪失感の回復や、産後のマタニティーブルーにも役立ちます。女性の不安定な気持ちに寄り添い、支えてくれる香りです。

また、主成分酢酸ベンジルは、イランイランやくちなしの花にも多く含まれ、甘く華やかで気分を高める作用があります。自己肯定感が増し、エネルギーが活性化します。

【ジャスミン精油の特徴】

●心への働き　気持ちを温める作用があり、同時に神経を鎮静させます。自信感を生み出し、幸福感が得られます。人のために尽くす仕事に喜びを感じるでしょう。

●身体への働き　ホルモンのバランスを調整し、手足を温めます。抑うつ症にも有益です。子宮収縮作用があり、陣痛の促進や母乳ケアに働きかけます。

●ベオークとの相乗効果　母性の象徴であるベオークの慈しみをさらに一層深めてくれます。女性性を目覚めさせてくれるジャスミンの香りが、心に包容力と柔軟性を与えてくれます。甘く豊かな芳香が寛容な愛情を思い起こさせ、心からの慈愛を与えることができるでしょう。そんな優しさにあふれるあなたのまわりには人々の輪が絶えません。ベオークの持つ真の恵愛を生むでしょう。

Aroma Recipe

【ジャスミン精油を使ってアロマを味方につけよう～アロマレシピ】

甘美な空間にうっとり　ジャスミン精油のアロマキャンドル

〈材料〉

ミツロウ　50g、ジャスミン（アブソリュート）精油　6滴、ラベンダー精油　5滴、スイートマージョラム精油　2滴、ビーカー、湯煎器具、キャンドルの型、竹串、割りばし、芯

〈作り方〉

① ミツロウを湯煎で溶かし、火から外して精油を加え、竹串でよく混ぜる。

② キャンドルの型に芯を置く。割り箸にはさんで中央に立つよう調節する。

③ ②に①を流し込み、約3時間冷まして固める。

風の当たらない場所で使用し、周囲に物を置かないようにしましょう。ペットや子どもの手の届かない場所で使い、近くを離れないようにしましょう。癒しの香りと揺れる炎で心が慰められます。

エオー

［精油：レモングラス］

行動すれば輝きの新天地が開ける

【ルーンの意味】

エオーは馬の形を表現したルーンで、旅や新天地を意味します。馬のように活力があり、エネルギーに満ちあふれています。新しいことへのチャレンジ精神が旺盛で、使命感にあふれ、まっすぐに自己の決めた道を進んでいきます。スピード感もあり、身軽で俊足な馬のように、物事が順調に進んでいくでしょう。

また馬は、古くから人のそばにいる信頼のおける友でもありました。優しげで知的な馬は、古来の人間にとってかけがえのない親友だったのです。エオーには絆の深い友達という意味があります。

友情に恵まれ、多くの仲間に支えられて、友のよきアドバイスのおかげで幸運を得るでしょう。新しい環境で花開き、あなたの前向きで誠実な態度が人々の共感を生みます。

転職や引っ越しなども、この時期に行うとよいでしょう。知性にも恵まれており、今までとは違った分野での活躍も期待できます。環境が変わっても先を読む力によって成功し

Rune and Aromatherapy

ᛗ

19　EOH エオー

行動すれば輝きの新天地が開ける

Keyword

アルファベット：E
シンボルカラー：白
守護石：クリスタル
精油：レモングラス
アロマブレンド：シトラス

ますので、自信を持って行動しましょう。

仲間、友情と同時によき伴侶にも恵まれます。出会った瞬間に恋に落ちるような運命的な出会いがあります。進展も早く、行動に移すことでプラスに転じます。

〈逆位置の場合〉

エオーが逆位置になると、馬が地面に倒れて足を天に向けて転がっている姿になります。スピードは止まり、行動もできなくなります。この場合せっかちで焦りがちになり、あわてて行動しすぎて空回りします。パワーはありますが、まわりと協調できずに孤立してしまいます。先走らず慎重に、ことを進めるよう気をつけましょう。

【レモングラス精油】

エオーのメッセージを補足して幸運へと導いてくれる精油はレモングラスです。ジンジャーとレモンを混ぜたようなさわやかで苦みのある香りは、とても力強くエネルギッシュです。この精油で肌をトリートメントすると、「軽い」感覚を覚え、関節の動きが高まったという報告があります。まるでエオーの馬が軽やかに疾走するように、心身がすがすがしく、軽快になります。

主成分のシトラールは、生気を回復させて、はつらつとした気分にさせてくれます。ぼんやりしていた頭に刺激を与えて、やる気のスイッチを押してくれます。疲労困ぱいなときにこの香りを嗅げば、活力増強作用で気持ちが高まり、エネルギーを充電してくれるでしょう。

特徴成分酢酸ゲラニルは交感神経の興奮を鎮めて、怒りやイライラを抑えてくれます。鮮明な香りが心にしみわたって開放的になり、こだわりからくる抑圧感を手放すことができるでしょう。

【レモングラス精油の特徴】

●心への働き　精神を刺激し、活力を高めてくれます。やる気が出て前向きになれます。疲労感や不安感を解消します。こだわりを捨てて前へ進む勇気を与えてくれます。

●身体への働き　消化の働きをよくし、胃腸の炎症を鎮めます。乳酸を減少させ、筋肉疲労回復に努めます。長時間立っていたあとの足の疲れにも役立ちます。

●エオーとの相乗効果　レモングラスの筋肉疲労回復作用が、エネルギッシュでパワフルなエオーの身体をケアしてくれます。清涼感のあるさわやかな香りがモチベーションをアップさせ、エオーの持つ行動力と前進への意欲を高めます。不安を感じたときはこの香りを嗅いでください。新しい場所へ旅立つ決断力と勇気のきっかけとなるでしょう。

【レモングラス精油を使ってアロマを味方につけよう～アロマレシピ】

筋肉疲労にレモングラス精油の温湿布

〈材料〉

熱湯　洗面器1杯分、レモングラス精油　2滴、洗面器、タオル、ゴム手袋

〈作り方〉

① 洗面器に熱湯を入れ、精油を加える。
② 折りたたんだタオルを、①の洗面器に水面に浮かぶように浸す。
③ ゴム手袋をしてねじって絞り、水面側（精油がついている側）が直接肌につかないようにたたんで、首や肩に当てる。

血行を促進して筋肉をリラックスさせます。温かさとレモングラス精油の作用で筋肉疲労に役立ちます。熱湯はやけどをしないよう注意しましょう。

ᛗ

マン

【精油：グレープフルーツ】

人との交流が生きる喜びになる

【ルーンの意味】

マンは人間を意味するルーンです。英語の人間（Man）の語源と強いつながりがあります。ルーンの形は、向き合う2人の人間が手を取って助け合っているように見えます。人とのつながりや交流、援助を意味しています。

　子どもから大人まで老若男女問わず、すべての人類のつながりを意味し、ボランティア活動や支援・福祉などの縁が深くなります。友達や仲間だけでなく、他人との協力によって生まれる縁に恵まれます。知らない人との新しい交流が広がっていくのです。

　アングロ＝サクソンのルーン詩には、マンはスクルド神が宿っているとあります。スクルド神とは、人間の運命を決定するノルニル3姉妹のうちの一人を指します。3姉妹はそれぞれウルズ（過去）・ヴェルザンディ（現在）・スクルド（未来）を司り、人の一生を決めているのです。未来を決めるスクルド神がマンのカギを握っています。

　神から人間に与えられた「知恵」は、あなたの武器になります。あなたは理性的でロジ

Rune and Aromatherapy

ᛗ

20　MANN マン

人との交流が生きる喜びになる

Keyword

アルファベット：M
シンボルカラー：赤
守護石：ガーネット
精油：グレープフルーツ
アロマブレンド：シトラス

カルな思考を持ち、計画を適切に実行に移していきます。もちろんチームワークを大切にしながら、相互に助け合って物事を進めるのも得意です。感情におぼれず、対等に援助し合うのもマンの特徴です。

〈逆位置の場合〉

人とのつながりが幸運を呼ぶ正位置とは違い、絆やチームメンバーが足を引っ張り、互いに悪影響を及ぼし合います。

孤立してコミュニケーションが希薄になり、仕事運も家庭運も低調となります。このようなときはいったん仲間から距離を置いて、孤独の時間を楽しみましょう。落ち着いて趣味や勉学に励んでください。自信がつけばまた人々が戻ってきます。

【グレープフルーツ精油】

マンのメッセージを補足して幸運へと導いてくれるアロマはグレープフルーツ精油です。甘酸っぱくてさわやかな香りは、気持ちを明るくしてくれ、積極的に人と交流することを促します。精神を軽やかにして、心に満足感を与えてくれます。

学名の *Citrus*《キトルス》 *paradisi*《パラディシ》は、黄色で香りよく甘い楽園、という意味があります。陽気で朗らかな楽園をイメージさせる、さわやかで楽しげな芳香です。コミュニケーションを重んじるマンのルーンにぴったりの香りです。

主成分リモネンには免疫刺激作用や血流促進作用があり、うつうつとした気持ちを解放し、能動的でポジティブにしてくれます。また生きる意欲を起こさせ、不安を取り去るので、摂食障害や躁うつ症状に対して役に立ちます。

持続的に前向きになり、人とのつながりに積極的になれるため、学校へ行くのをためらうお子さんなどの手助けにもなる香りです。

【グレープフルーツ精油の特徴】

●心への働き　ストレスを軽減させ、中枢神経のバランスをとります。気分が晴れやかになり、コミュニケーションに対して前向きになります。明るい気持ちは、心に幸福感も芽生えさせて、快適な気分にさせてくれます。

●身体への働き　痛みの緩和を助け、片頭痛や月経前緊張症に適しています。胃腸のバランスをとり、消化の働きをよくし、体内の水分滞留を解消します。

●マンとの相乗効果　人と交流して互いに助け合うマンに対し、やる気や活力をアップさせ、能動的に人々の輪に入っていくよう促します。陽気で幸福なグレープフルーツの香りで、臆することなく和気あいあいと活発に交流をすることができるでしょう。人とのつながりには欠かせない香りです。

Aroma Recipe

【グレープフルーツ精油を使ってアロマを味方につけよう～アロマレシピ】

気分をリフレッシュ！グレープフルーツ精油の消臭剤

〈材料〉

重曹　100g、グレープフルーツ精油　5滴、ジュニパーベリー精油　5滴、ビーカー、スプーン、ガラス容器、薄い布（ガーゼなど）、輪ゴム

〈作り方〉

① ビーカーに重曹を入れて精油もすべて加え、スプーンで混ぜる。

② ①をガラス容器に移し、薄い布で覆う。輪ゴムやひもで結ぶ。

玄関やクローゼットに入れて使う消臭剤です。楽園をイメージさせる、快活で元気な香りです。芳香が薄くなってきたら重曹を再度混ぜたり、精油を追加したりして使用できます。

ラーグ

［精油：クラリセージ］

水の流れるままに身を任せる

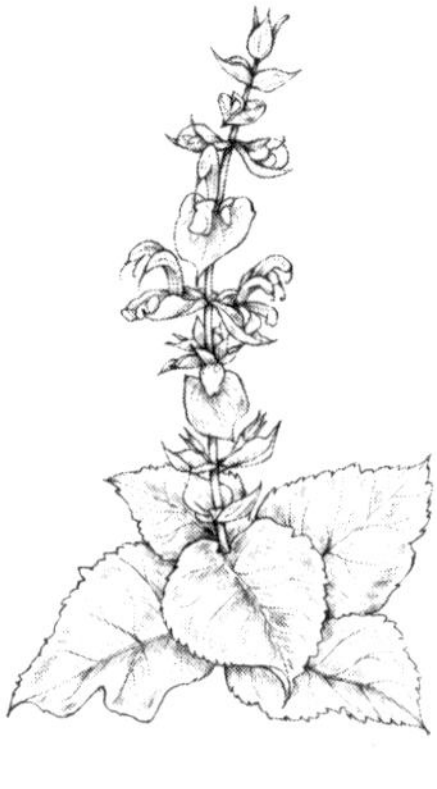

【ルーンの意味】

ラーグは英語の湖（Lake）の語源と強いつながりがあり、「水」を意味するルーンです。水は古来からロマンティックで繊細なものの象徴でした。流動的で不安定な部分も持ち合わせつつ、母なる海のように大きく、包容力もあります。水は生命の源であり、女性を表しているともいわれます。

水面はかすかな風でも波紋を広げるように、感情の揺れが激しいことも意味します。ささやかな喜びや悲しみに一喜一憂して振り回され、不安定な状態になりやすいでしょう。しかしそれは、持ち前の優しさや思いやりから動く気持ちです。情緒深く、温情に厚い性格があなたのよさでもあるのです。

ルーンの形は、運気が昇って流れていくように上を向いています。水は常に形を変えて流れていますから、安定や平衡は望めません。新しいほうへと移り変わり、変化に富む時期です。水は川を流れ、海へとつながり、他国へと広がっていきます。外に向かっていく

Rune and Aromatherapy

ᛚ

21　LAGU ラーグ

水の流れるままに身を任せる

Keyword

アルファベット：L
シンボルカラー：深緑
守護石：パール
精油：クラリセージ
アロマブレンド：ハーブ

ことが開運になり、新しい人脈や環境と出会えるでしょう。
水辺にたたずむと気持ちが落ち着き、ロマンティックな気分にもなります。女性的な情に満ちた柔らかな心で、周囲の人を癒す存在です。心がときめくような恋愛にも憧れます。

〈逆位置の場合〉

流れは下方へと向かい、感情的になることで運気が下がります。人の意見に惑わされたり、ちょっとしたことで大きく傷ついたりします。心がささくれ立ち、何をしても落ち着きません。不安定な状態です。人に感情をぶつけたり、気が向かないからと約束を反故《ほご》にしたりと、自らの行いで自分を苦しめてしまいます。
もともと持っている思いやりにあふれた部分を思い出し、他人の気持ちに寄り添いましょう。そうすれば少しずつ、また運が上昇していきます。

【クラリセージ精油】

ラーグのメッセージを補足して幸運へと導いてくれるアロマはクラリセージ精油です。水のように揺れる感情を安定させ、神経バランスを回復してくれます。女性のための精油といわれるほど女性特有のトラブルに役立つのは、エストロゲン作用のおかげです。これは特徴成分スクラレオールによるものです。

スクラレオールは1％程度しか含まれませんが、たった1％が多大なる影響を及ぼし、エストロゲン作用やストレス解消作用を生み出します。生理不順や更年期に適しており、気持ちを明るくして幸福感を与えてくれます。女性特有の気分の落ち込みには最適です。

【クラリセージ精油の特徴】

●心への働き　緊張をほぐし、ストレスを解消します。焦燥感や不安感を取り除き、リラックスをもたらします。幸福感を感じさせ、気分を明るく高めてくれます。神経バランスを整えて疲労回復にもつながります。

●身体への働き　女性特有のトラブルの回避に適しています。月経前緊張症や生理不順、更年期のつらさなどに役立ちます。鎮痛作用もあるため、肩こりや筋肉痛にも適します。

●ラーグとの相乗効果　情け深く親切心にあふれるラーグですが、感情の揺れが激しくなる面があります。そんな不安定な心をクラリセージの多幸感が温めてくれます。気持ちを落ち着かせ、本来のやすらぎを与えてくれる香りです。女性性を意味するラーグにとって、女性特有のトラブルに強いこの香りは、生涯の友になるアロマです。

【クラリセージ精油を使ってアロマを味方につけよう〜アロマレシピ】

ロマンティックな夜にクラリセージ精油のボディホイップクリーム

〈材料〉

シアバター精製　15g、アルガンオイルクリア　3㎖、クラリセージ精油　1滴、サンダルウッド精油　1滴、ビーカー、保存容器（遮光瓶）、小さめの泡立て器、ラップ

〈作り方〉

① ビーカーにシアバターとアルガンオイルを入れてラップをし、湯煎にかける。溶けたら湯煎からはずし、冷ます。固まる前に泡立て器で2〜3分混ぜる。

② ①に精油を加え、さらに混ぜる。クリーム状になったら保存用遮光瓶に移す。

③ 作成日を書いたラベルを貼り、冷蔵保存にし、2か月で使いきる。

お風呂上がりに乾燥の気になる場所（肘、かかとなど）に塗って保湿します。クラリセージ精油は鎮静力が強いので、集中が必要なときは使用を控えましょう。

◇

イング

【精油：サイプレス】

新しいものが生まれる瞬間

【ルーンの意味】　正逆位置とも同じ

イングは多産と生産の神フレイの古い呼び方です。このルーンは豊かさや成功を意味します。北欧神話のフレイ神（イング神）は子宝に恵まれた男性神でもあります。誰からも愛される温厚な豊穣神で、人類の幸運を左右する太陽神です。人々を明るく照らし、大地に命を授け、人類を繁栄させることから、このルーンは成功と祝福のルーンでもあります。

フレイ神は生きることの喜びを与えてくれます。このルーンが出ると、生命力にあふれ、活動的になり、仲間や恋人にも恵まれます。さらに思考力が高まって、何事にも意欲的に向き合えるでしょう。仕事にも自然と力が入り、着実に成功へと近づきます。人脈も増えて目標としていた場所にもたどり着けるでしょう。

家庭運もとてもよく、イングが家族の誕生を祝福しています。物事が新しくスタートし、それは成功へと続くゆるやかな登り坂になっています。努力したことはすべてよい結果を生むでしょう。

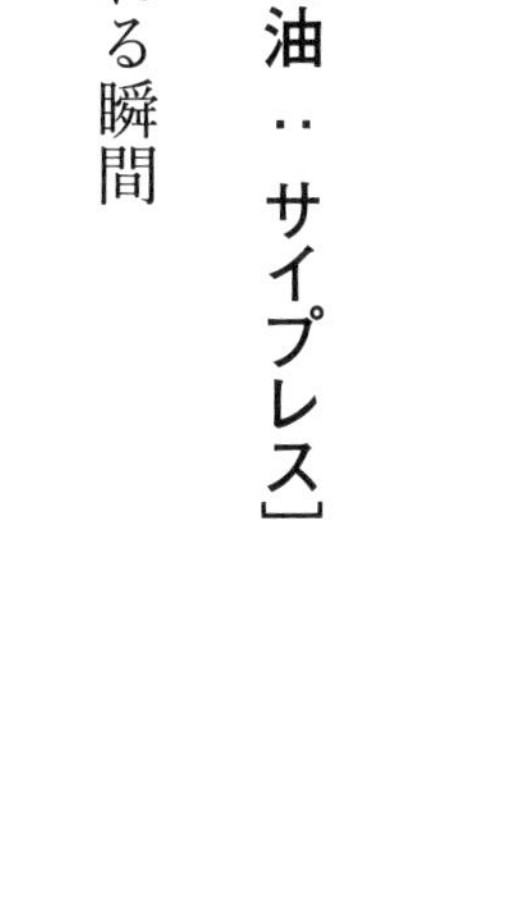

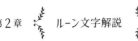

◇

22　INGイング

新しいものが生まれる瞬間

Keyword

アルファベット：NG
シンボルカラー：黄
守護石：琥珀
精油：サイプレス
アロマブレンド：ウッディ

またイングは感性が豊かな様子も意味しています。情熱にあふれ、感覚が鋭敏になり、創造力が高まります。芸術面でも花開きます。

【サイプレス精油】

イングのメッセージを補足して、幸運へと導いてくれる精油はサイプレスです。ウッディですっきりとした香りはスーッと気持ちが軽くなり、生命力を高めてくれます。

サイプレスの樹木はたやすく腐朽《ふきゅう》しないため、古くから北欧では家や船をつくる材木に使用しました。ギリシャでは神聖な木として、神々を彫刻するための材料に利用していました。これはサイプレスの腐りづらい特性にプラスして、「気持ちを浄化させる」香りの影響もあるかもしれません。

学名の種小名 *sempervirens*《センペルウィレンス》 には、「永久に生きる」という意味があります。まさに神にふさわしい植物です。

心に深く影響を与える芳香は、気持ちを落ち着かせ、安定させます。同時に針葉樹特有のスパイシーな香りが精神を統一させ、これから起こる転機をしっかりと受け止める準備をしてくれます。

シャープで透明感のある香りは男性にも人気です。デオドラント作用にも優れ、男性化粧品にもよく使われます。

主成分α-ピネンは空気清浄作用や抗感染作用があり、精神を浄化し、澄みきった清らかな気持ちを生みます。またモノテルペン炭化水素類が多く、森林の香りがし、イライラや怒りを鎮めます。

特徴成分ミルセンは鬱滞除去作用や強壮作用があり、筋肉をほぐしセルライトにも役立ちます。

【サイプレス精油の特徴】

●心への働き　心をすっきりとさせ、落ち着きを取り戻します。良心のかしゃくを手放し、気持ちを楽にしてくれます。恐れや不安を忘れさせてくれ、生きる助けになります。

●身体への働き　血液の循環をよくし、調整します。発汗過多に役立ち、汗かきにはデオドラント作用が働きます。

●イングとの相乗効果　多産と生産を意味する男性神であるイングに、男性の好むサイプレスの香りが共鳴し、さらなる成功へと導きます。意欲的で行動的なイングに対し、疲れた筋肉をほぐして疲労回復にも役立ちます。生命を司るイングに「永久に生きる」意味のあるサイプレスの香りは、力強い最高のパートナーとなるでしょう。

Aroma Recipe

【サイプレス精油を使ってアロマを味方につけよう〜アロマレシピ】

軽やかな感触のサイプレス精油デオドラントボディジェル

〈材料〉

グリセリン 5㎖、キサンタンガム 約0.5g、無水エタノール 5㎖、
サイプレス精油 4滴、ラベンダー精油 2滴、ローズマリー精油 1滴、
ラベンダーフローラルウォーター 40㎖、ビーカー、ガラス棒、保存容器（遮光瓶）

〈作り方〉

① ビーカーにグリセリン、キサンタンガム、無水エタノールを入れ、ガラス棒で混ぜる。精油をすべて加え、さらによく混ぜる。
② ①にラベンダーフローラルウォーターを少量ずつ入れ、よく混ぜる。
③ 保存用遮光瓶に入れ、作成日を書いたラベルを貼る。冷蔵保存で2週間で使いきる。

デオドラント作用のあるサイプレス精油とラベンダー精油を使用します。

オセル

［精油：ミルラ］

不動の伝統を継承する

【ルーンの意味】

オセルは相続や伝統を意味し、四元素の地を意味するルーンです。土地を相続したり、代々受け継ぐ財産を継承したりする暗示です。故郷や慣れ親しんだ土地に縁が深くなります。

故郷というのは、懐かしく心の休まる場所でもありますが、自由を束縛したり、自己確立を妨げたりする源でもあります。羽ばたきたい気持ちを抑えて、古くからの伝統を守っていく道を選ばなければいけない状況に陥ります。

土地や不動産といった、揺るがない固定したものを象徴とします。全体的に頑固で微動だにしない様子がうかがえます。物事は滞り、静止した状態です。今何かを始めるには適していません。一定の場所に止まって習慣を繰り返すほうが無難です。

規則や義務を重んじて、ルールにのっとった常識的な行動が吉と出ます。派手さはありませんが、安定し、ゆったりとした幸せが訪れます。地元や地域の仲間を大切にし、お祭

Rune and Aromatherapy

ᛟ

23　OTHEL オセル

不動の伝統を継承する

Keyword

アルファベット：O
シンボルカラー：茶
守護石：ルビー
精油：ミルラ
アロマブレンド：レジン

りやイベントごとも手伝いましょう。あなたの誠実でまじめな人格が、まわりの人々の気持ちを穏やかにし、ひいては自分にも優しさが返ってきます。
自分の意志で物事が進まない時期でもあります。与えられた役割を全うして、忠実にきちんと義務を果たしていけば開運するでしょう。

〈逆位置の場合〉

堅実な豊かさが消え、反抗心やわだかまりが増えていきます。伝統を壊して流れに逆らってみたくなります。遺産や相続運はありますが、争いを招き、不運を呼びやすくなっています。面倒な役にまわされ、立ちいかなくなるかもしれません。
しきたりに逆らうのは心のどこかで自由を求めているからでしょう。束縛や因習から離れることも大切です。自由な時間を確保して心を休めれば、素直な気持ちが育まれます。

【ミルラ精油】

オセルのメッセージを補足して幸運へと導いてくれるアロマはミルラ精油です。ミルラ（没薬）は、古代エジプトでは宗教行事に利用されていました。魂の再生を信じて作られていたミイラは、ミルラが語源とされています。薬効も重宝されており、傷を癒す軟膏もつくられました。歴史的にもミルラは貴重なものとして扱われ、重んじられてきたのです。

ミルラの精油には、強い抗菌作用や抗真菌作用があります。ミイラ作りに使ったのはこの作用のためでしょう。

スモーキーで甘い香りは、精神を穏やかに鎮めてくれます。ミルラ精油が特徴的なのは「土」のようなアーシーな香り。大地に根づくような、どっしりとした趣があります。セスキテルペン類が40％近く構成されており、気分を落ち着かせ、高ぶった感情を鎮静する作用があります。

【ミルラ精油の特徴】

●心への働き　ざわめいた心を鎮め、静寂を取り戻します。悲しみと憂鬱を軽減してくれます。無気力でつらい気分を明るくします。

●身体への働き　免疫力を高め、風邪予防に適しています。抗炎症作用や殺菌作用があり、婦人病や呼吸器系にも役立ちます。肌を保護する作用があります。

●オセルとの相乗効果　土に根づいて土に還る、そんなアーシーな香りのミルラは、土地と関係の深いオセルを補佐します。伝統と伝承を重んじるオセルに強く結びつき、動揺しない安定感のある香りが精神的支柱となるでしょう。神聖で貴重なものとして伝えられてきたミルラの香りは、オセルの魂を力強く支えます。

Aroma Recipe

【ミルラ精油を使ってアロマを味方につけよう～アロマレシピ】

手と心を慰めるミルラ精油のハンドクリーム

〈材料〉

カレンデュラオイル　5g、ホホバオイル　15g、ミツロウ　2g、ミルラ精油　1滴、ラベンダー精油　2滴、ビーカー、竹串、湯煎道具、保存容器（遮光瓶）

〈作り方〉

① ビーカーに2種類のオイルとミツロウを入れて湯煎にかける。溶けてきたら竹串で混ぜ、完全に溶かす。

② ①を保存用遮光瓶に入れ、粗熱が取れたら精油を加え、竹串で混ぜる。

③ 固まったら作成日を書いたラベルを貼り、冷蔵保存し、2か月で使いきる。

ミルラ精油は個性の強い香りなので少量にします。花の精油と相性がよく、ラベンダー以外の花精油でも作れます。また通経作用があるため、妊娠中は避けましょう。

ᛞ

ダエグ

［精油：パルマローザ］

平穏で穏やかな1日をおくる

【ルーンの意味】　正逆位置とも同じ

ダエグのルーンの形は無限大をかたどり、昼と夜が続いていく「1日」を意味しています。幾度となく繰り返す1日が、やがてひと月となり、1年が過ぎ、人生を紡いでいきます。同じことの繰り返しは退屈かもしれませんが、それが平穏で安らかな証なのです。決して波風立つことなく、安定した状態が続く様を表します。

陽が昇り落ちるまでのサイクルを表しますので、太陽とも深い関係があります。陽の光を浴びて祝福されているような、光り輝く日々が訪れるでしょう。

落ちてもまた昇る陽のように、穏やかにゆるやかに落ち着いた夜を迎え、エネルギーが回復したら、また明るい朝がやってきます。安定した着実な道が開けます。

平和でのんびりした日々が繰り返し来ることの幸せを、今一度あらためて考えてみてください。穏やかな毎日が送れることへの感謝の気持ちを忘れずに、周囲の人々へありがとうと伝えてみましょう。

Rune and Aromatherapy

ᛞ

24　DAEG ダエグ

平穏で穏やかな１日をおくる

Keyword

アルファベット：D
シンボルカラー：水色
守護石：ダイヤモンド
精油：パルマローザ
アロマブレンド：エキゾチック

太陽の日を浴びることで健康運もアップします。体液の循環も順調で、健康的な毎日を送れます。「無限」の文字に似たダエグの形は、巡りのよい状態も意味しているのです。

【パルマローザ精油】

ダエグのメッセージを補足して幸運へと導いてくれる精油はパルマローザです。この精油には暗い気分を明るくし、興奮した熱気を冷ますようなバランス調整力があります。涼性と湿性を併せ持つので、朝にも夜にも適しており、1日の巡りにとてもよく合います。循環してバランスをとってくれることから、ダエグのテーマにぴったり合います。

バラを思わせる甘くフローラルな香りには、レモングラスのような葉の香りも秘めています。18世紀にはインドゼラニウムとも呼ばれ、ゼラニウムの香りにも似ています。

優しい芳香が過敏な神経を鎮めて、穏やかな気分にし、不安だった環境にもうまく順応させます。情緒を安定させて気分を明るくするので、気分転換やリフレッシュにも最適です。

主成分のゲラニオールはバラやゼラニウムにもみられる成分ですが、パルマローザのほうが多く含有しています。この成分はさまざまな作用があり、鎮静作用や免疫向上作用、強壮刺激作用、抗感染作用など多岐にわたります。幸せを感じる香りでもあり、幸福で満たされ、落ち着いた安らぎを感じます。

特徴成分の酢酸ゲラニルは交感神経の興奮を抑える作用があり、怒りやイライラを鎮めてくれます。

感情のバランス感覚を調整してくれる、草原の土壌のような香りはグラウンディング効果もあり、平和で安泰な日々を象徴しています。リラックス&リフレッシュ効果が期待できます。

【パルマローザ精油の特徴】

●心への働き　強い鎮静作用でストレスを緩和し、気持ちを落ち着かせます。落ち込みすぎているときには明るさを取り戻します。感情のバランスをとる香りです。

●身体への働き　疲労回復に役立ちます。抗菌作用や強壮作用があり、消化器系に対し有効に働きます。肌に対して水分バランスを回復させて保湿を促します。

●ダエグとの相乗効果　平穏な毎日を象徴するダエグにとって、安定感の高いパルマローザの香りは気持ちをリラックスさせるのに最適です。バランスの調整を図りながら不安を取り除き、安心感を生んで幸せな気分を与えます。1日1日を確実に進んでいく均衡のとれたダエグにとって、調和のとれた香りは心の平和をもたらしてくれます。朝も昼も夜も、この香りで、癒しと活力のどちらも獲得しましょう。

Aroma Recipe

【パルマローザ精油を使ってアロマを味方につけよう～アロマレシピ】

すっきりさっぱりパルマローザ精油のクレイパック

〈材料〉

モンモリオナイト　15g、マカデミアナッツオイル　5㎖、パルマローザ精油　1滴、精製水　15㎖、ビーカー、小さめのヘラ、ガラス容器、ガラス棒

〈作り方〉

① ガラス容器にモンモリオナイトと精製水を入れ、10分ほど置いて浸透させる。浸透したらヘラで混ぜる。

② ビーカーにマカデミアナッツオイルと精油を入れ、よく混ぜる。これを①に少しずつ入れてヘラで混ぜる。

③ 洗顔後に目と口のまわりを避けて顔全体に伸ばし、2～3分で洗い流す。

毎回作って使いきってください。クレイが毛穴の汚れを取り除きます。

ウィルド 【精油：フランキンセンス】

宿命的な力が働くとき

【ルーンの意味】　正逆位置とも同じ

ウィルドのルーンは白紙です。もともとルーン文字の原型にこのウィルドはありませんでした。比較的新しくルーン占いに加わった存在です。トランプでいうならジョーカー的位置で、タロットカードでいうなら愚者のポジションとなります。

特殊なルーンですから、宿命的な力が働いているといえます。自分の力ではどうしようもないことが起こります。自然や天の力が加わって、想像もつかない未知の世界が広がります。

ウィルドが吉と出た場合、人生にとても大きな喜びを与えてくれるでしょう。突然訪れるチャンスや、思いがけない幸運に恵まれます。

しかしウィルドが凶と出た場合は、避けられない天災に見舞われる可能性もないとはいえません。

ウィルドは白紙ですから、何もない、答えはない、という意味も含まれます。正しい答

Rune and Aromatherapy

25　WYRD ウィルド

宿命的な力が働くとき

Keyword

アルファベット：ー
シンボルカラー：白 / 黒
守護石：ラピスラズリ
精油：フランキンセンス
アロマブレンド：レジン

えはどこにも存在せず「無」の状態です。このルーンが出た場合は、宿命に逆らわず、ひらめいた考えに基づいて進むのが望ましいでしょう。行動することで、未来を開拓していくのです。

【フランキンセンス精油】

ウィルドのメッセージを補足して幸運へと導いてくれる精油はフランキンセンスです。ウッディで透明感があるバルサム調の香りは、古代から貴重な芳香として知られています。古代エジプトでは神々への捧げものとして祭壇で焚かれました。イエスキリストの生誕時にも献上され、聖書にはフランキンセンスについての記載が22回登場します。

この香りは甘く温かみがあり、神聖でクリアな気持ちになります。すべてをリセットしてくれる香りです。現代でも精神をまっさらな状態にする精油として人気があります。多くの人々をケアするアロマセラピストの方に「好きな精油は何ですか」というアンケートを取ると、上位になるのがフランキンセンスです。香り疲れや癒し疲れの起こったセラピストに対し、精神面をクリアにし、無の状態に戻してくれるからといわれています。神経の緊張をほぐし、同時に衰弱した心身に活力を与えてくれます。

主成分はα-ピネンで空気清浄作用があり、すがすがしい空間を作ります。これは森林の香りのもととなる成分で、心が落ち着き、呼吸も楽になります。古代からフランキンセンスを瞑想に使ってきたことから、深いリラクゼーションをもたらしてくれる作用が認められます。

主成分リモネンは抗感染作用や免疫刺激作用があり、鼻かぜや気管支炎などに役立ちます。また心を和ませてリフレッシュに効果的です。

【フランキンセンス精油の特徴】

●心への働き　緊張やストレス状態から平静に戻し、気持ちを慰めます。心を鎮めて集中力を強化します。浮足立った感情を抑え、深い落ち着きを取り戻します。

●身体への働き　呼吸を深く楽にして胸部の緊張を解消します。抗感染作用や鎮静作用があり、炎症を抑えるのに適しています。肌を活性化させ、皮脂バランスを調整します。

●ウィルドとの相乗効果　気持ちをリセットしてくれるフランキンセンスの香りは、宿命を信じるウィルドにとって、道しるべとなる貴重な香りです。運命は変えられません。そこに、すべてを受け入れるための「無」の心を授かることができます。本当の自分の気持ちを知り、心の中にある答えを見出す、精神統一にふさわしい芳香です。深い瞑想の中で潜在的な意識を追求しましょう。

【フランキンセンス精油を使ってアロマを味方につけよう～アロマレシピ】

深いリラックスへの旅～フランキンセンス精油のオーデコロン

〈材料〉

無水エタノール　5㎖、精製水　25㎖、フランキンセンス精油　2滴、スイートオレンジ精油　2滴、ゼラニウム精油　2滴、ビーカー、ガラス棒、スプレー容器、ラベル

〈作り方〉

① ビーカーに無水エタノールと精油をすべて入れ、ガラス棒で混ぜる。
② ①に精製水を加え、よく混ぜたらスプレー容器に移す。
③ 作成日を書いたラベルを貼る。冷蔵保存で2週間で使いきる。

耳の後ろや手首、襟足《えりあし》などにスプレーして香りを楽しみます。瞑想時などにも使うとよいでしょう。ブレンドにも工夫して、ゼラニウム精油をラベンダー精油に変えてもよい香りです。

第3章

基本のリーディング法

ルーンアロマ占いを始める前に

メッセージを受け取る準備

ルーン占いはルーン文字を通してメッセージを受け取る占いです。古代北欧では木片などにルーン文字を刻み、その一族の長老または祭祀が投げたルーン文字でメッセージを受けていました。天を仰ぎ、神々に祈りながら枝を拾い、文字の意味を読み解く様が記録に残っています。

私たちがルーンアロマ占いを行う場合、まずは心を正して北欧神話の神々に挨拶をしましょう。これからメッセージをいただくのだという心構えを持ち、静ひつな気持ちになれるとベストです。

必ずしもルーン文字すべての意味や、精油のすべての効用を覚える必要はありません。解釈に迷う場合は何度もこの本を開いて知識を磨き、経験を積みましょう。

シンプルイズベスト

ルーンアロマ占いはとてもシンプルな占いです。1文字のルーンを引き当てれば、それが質問の答えになります。ルーンアロマ占いがほかの占いと違うのは、答えや結果が出て、それで終わりではないというところです。

引き当てたルーン文字が示した回答に対して、アロマの香りが私たちの心持ちを整えてくれます。困難な結果なときはアロマが気持ちを落ち着かせてくれます、ラッキーな結果のときにはより幸せをつかむように、アロマテラピーがあなたの心身を良好な状態へと導いてくれます。

どんな結果が出ても、アロマテラピーのパワーで目の前に道が開けることでしょう。悪い結果が出たらどうしようと不安になる必要はありません。精油の芳香が、あなたに幸福への道順を教えてくれます。怖がらずに占いを始めることができるのです。

インスピレーション

ルーン文字の解釈はこの本のとおりに丸暗記しなくてもよいのです。占いで出た文字に対して、自分のインスピレーション（直感）を信じてください。

ルーン文字の意味するメッセージはネガティブなものも多くあります。しかしそれはあくまでも「警告」として受け止めてください。注意すべき事柄を教えてくれているので、事前に対策が行えることをむしろプラスに考えるべきです。1つ1つの意味を額面どおりに限定せず、そこから発展する概念も取り入れていただきたいのです。あなたにしかできない天啓の受け止め方があるはずです。

経験を重ねる

最初からすべてが理解できるようなことは稀です。何度も経験を積んではじめて、神からのメッセージを得心するのです。回数を重ねるごとにインスピレーションにも磨きがかかり、自分なりの解釈ができたり、メッセージの意味がわかってきたりします。まずは毎日、自分自身を占ってみましょう。

朝、今日の一日の運勢を占って（次で説明するワンオラクル・スプレッド）、出たルーン文字に対応する精油を使ってみましょう。マグカップにお湯を入れて数滴精油を落とし、吸入法で芳香浴をしてみてもいいでしょう。またはハンカチに精油を垂らし、お出かけに持っていくのもおすすめです。香りを持ち歩くと、外出先でも気軽にリフレッシュ＆リラックスできます。

日記につけるのも上達するコツです。朝の占いの結果と1日の生活を照らし合わせてみて、それを記録していけば、自分なりの解釈をつかむ練習となります。

キャスティングとスプレッド

古くからあるルーン占いにはキャスティング法とスプレッド法があります。キャスティング法は、ルーン文字を刻んだ枝や石を投げて占う方法です。紀元後100年頃のゲルマン民族はこのやり方で占っていました。もう1つはスプレッド法です。ルーン文字を書いた石やカードを並べて選ぶ方法です。本書では別冊のカードを用いて、スプレッド法で占います。

ルーン占いの方法

占い方1
ワンオラクル・スプレッド　～バルドルの導き～

バルドル神はオーディン神の息子です。北欧神話ではバルドルは太陽のように万人に愛されたとあります。彼は善良さや優しさを持って生まれ、その英知と公正さには誰もが感銘を受けました。バルドルの裁きは不変であるとされています。

ワンオラクルは決断に迷ったときなど、今後の命運を占いたいときに行う基本の占い方です。１枚だけ引いて結果を読みます。バルドルが正しい道を指示してくれるでしょう。

〈占い方〉

①ルーンアロマカードをすべて裏返してテーブルに置き、時計回りにかき混ぜます。

このとき心の中で占いたい内容を唱えましょう（図1）。

図1

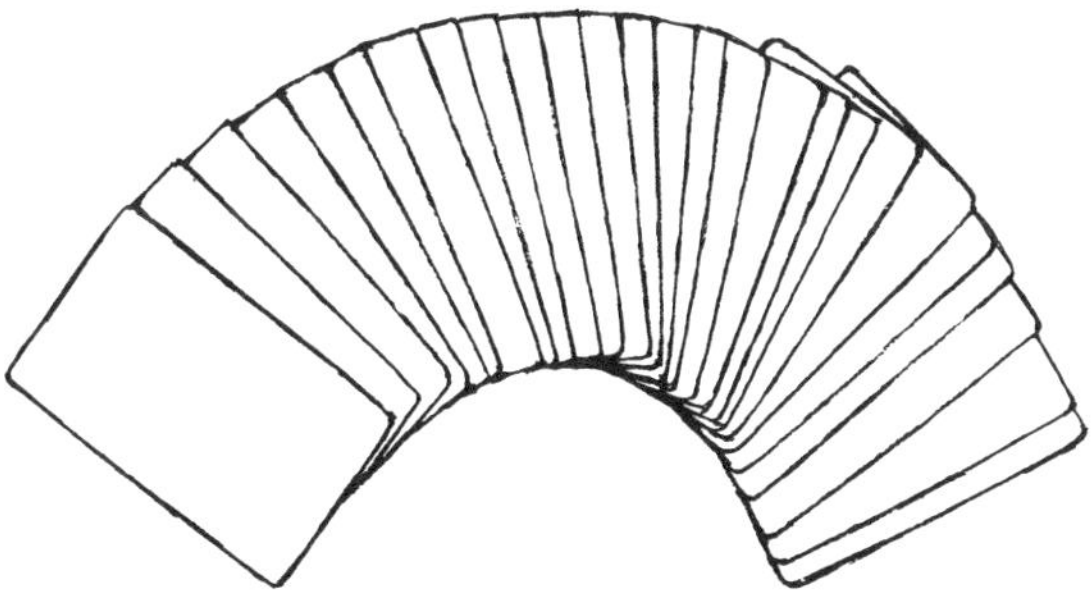

図2

②1つにまとめて持ち、裏返した束をテーブルに置いて扇形に広げます（図2）。
③その中から1枚だけ選び出し、向きを変えないように引き抜きます。
④カードを開きます。
⑤占いの結果を読み解き、適切なアロマテラピーの利用方法を見ましょう。

●ワンオラクル　セッション例●

【質問】配属が変わり、来月から新しい部署へ移ることになりました。上司はとても厳しい人だという噂です。新部署で力を発揮できるか自信がありません。（28歳・会社員）

引いたカード：アンスールの正位置

【占い結果】アンスールは知性やコミュニケーションを意味するルーン文字です。新しい転属先はまさに、今までに培った知性を発揮できる場所です。特に言語能力に優れており、執筆業や書記的役割を担うとうまくいきます。

同僚や後輩にも恵まれ、上司とも円滑な交流ができるでしょう。会話の中で助言をもらいますので、進んで人とのコミュニケーションをとりましょう。

アンスールは学問にも縁があるルーンです。新しい資格などに挑戦してみてはいかがでしょうか。転属先で役立てることができるはずです。

アンスールの対応アロマはブラックペッパー精油です。勉強や仕事をするときには、アロマストーンにブラックペッパー精油を数滴落としてデスクの上に置きましょう。クリアな香りが緩んだ精神を刺激して頭を働かせてくれます。ハンカチに数滴落として持ち歩いてもよいでしょう。

占い方2
ツーオラクル・スプレッド　～フレイとフレイヤ～

フレイ神とフレイヤ神はヴァン親族の双子の神です。豊穣の神フレイが兄で、美しい女神フレイヤが妹となります。二人とも力が強く美しく、誰もが憧れる存在です。ともに繁栄と豊穣の神と崇められています。ツーオラクル・スプレッドは2人からのメッセージを受け取る占いです。

カードから2枚を引いて解釈します。1枚目は結果、2枚目は対策となります。アロマテラピーを行う場合は2枚目の対策ルーンに対応する精油を使います。

〈占い方〉

①ルーンアロマカードをすべて裏返してテーブルに置き、時計回りにかき混ぜます。このとき心の中で占いたい内容を唱えましょう。

②1つにまとめて持ち、裏返した束をテーブルに置いて扇形に広げます。

③その中から2枚選び出し、向きを変えないように引き抜いて並べます（下図）。

④カードを開きます。1枚目は結果、2枚目は対策ルーンとなります。

⑤占いの結果を読み解き、適切なアロマテラピーの利用方法を見ましょう。

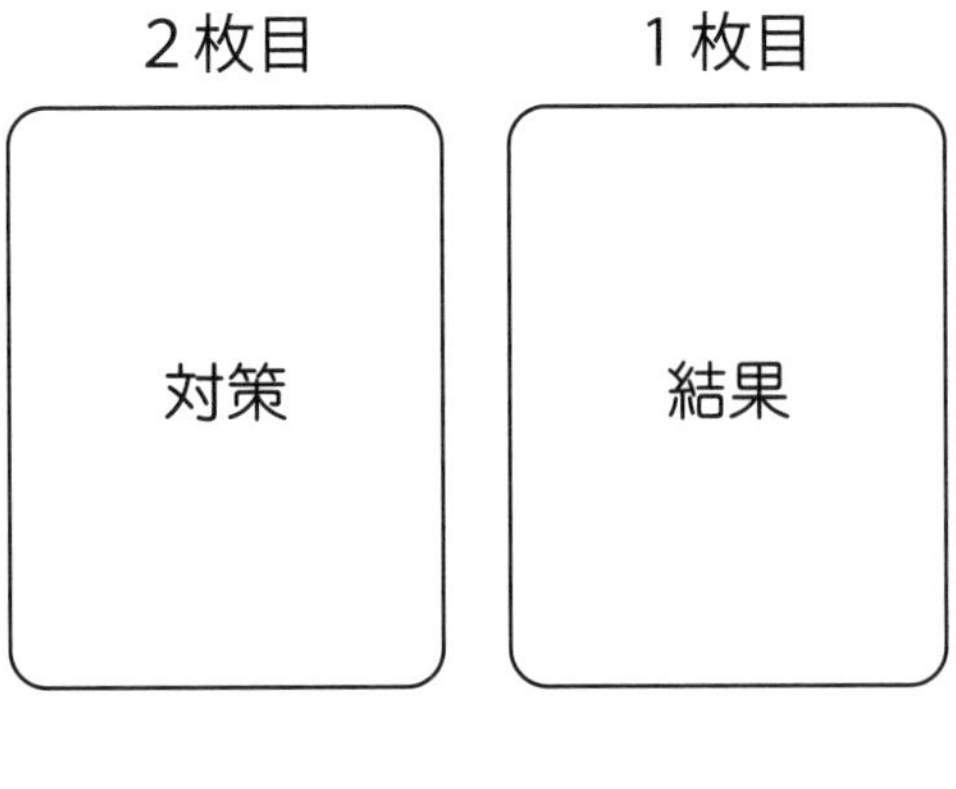

●ツーオラクル　セッション例●

【質問】現在おつき合いしている男性がいますが、愛されているか不安です。つき合って2年になるので

結婚を考えていますが、かなうでしょうか。（31歳・会社員）

引いたカード：結果＝エオロー　正位置
対策＝ベオーク　正位置

【占い結果】 １枚目に引いた結果を表すカードはエオロー正位置です。エオローは友情や仲間を表すルーン文字です。彼はもしかして愛情以上に仲間意識が強くなっているのかもしれません。気心を許してすっかり親友のように感じているのでしょう。心から信頼し安心しているのです。決して悪いメッセージではありません。

２枚目に引いた対策を表すカードはベオーク正位置です。ベオークは母性や優しさを表すルーン文字です。仲間として見始めている彼に対して、母親のような深い慈しみあふれる愛情で接してください。落ち着いた聖母のような気持ちで対応するのです。ドキドキするような激しい恋愛は望めませんが、深い絆を持つ真実の愛で結ばれます。

彼はあなたの優しくて落ち着いた雰囲気をとても心地よく感じるでしょう。温かい家庭をイメージするように変化し、自然と結婚までの道が開かれます。

ベオークのアロマはジャスミン精油です。女性らしさを感じさせる香りです。ジャスミンの香りを室内に漂わせて、彼を招待してはいかがでしょうか。優しく甘い香りが広がり、彼を大切で特別だと感じているあなたの気持ちが、きっと伝わるでしょう。

占い方3 スリーカード・スプレッド 〜ノルニルの神託〜

今度は過去・現在・未来が占える方法です。ノルニルとは北欧神話の3人の女神を指します。ウルズは過去、ヴェルザンディは現在、スクルドは未来を司る女神です。この女神たちが人間の運命を握っているのです。ノルニルは別名ノルンともいわれます。過去・現在・未来の運命を占う方法です。

〈占い方〉

①ルーンアロマカードをすべて裏返してテーブルに置き、時計回りにかき混ぜます。このとき心の中で占いたい内容を唱えましょう。
②1つにまとめて持ち、裏返した束をテーブルに置いて扇形に広げます。
③その中から3枚選び出し、引き抜いて並べます。1枚目を過去、2枚目を現在、3枚目を未来だと意識しながら選びます（次ページの図）。

④向きを変えないようにカードを開きます。

⑤占いの結果を読み解き、適切なアロマテラピーの利用方法を見ましょう。

問題の解決へと導くカギは未来のカードです。過去、現在の状況を慮りつつ、未来を輝かしいものにするためにどのような対策をとるか、アドバイスを授かりましょう。アロマの対応は未来のルーンとなります。

また、この占い方は応用が利きます。原因・結果・対策といった3パターンとしても占えます。この場合①が原因、②が結果、③が対策のルーンとなります。

●スリーカード　セッション例●

【質問】現在中学3年生で、春に高校受験を控えています。希望の高校に入学できるかどうか不安です。受験に向けてのアドバイスをお願いします。【15歳・

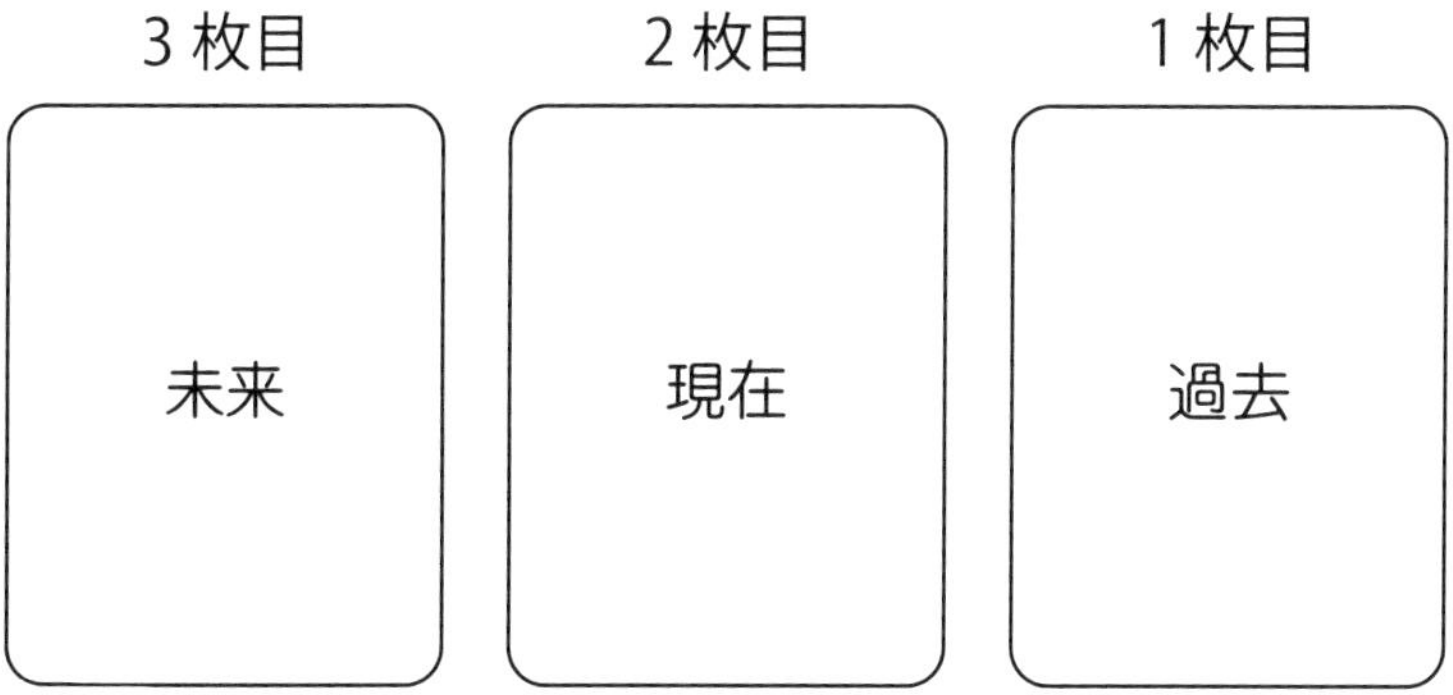

学生】

引いたカード：過去＝イス

現在＝シゲル

未来＝ラド　正位置

【占い結果】過去を表すカードはイスが出ました。今までしっかりと勉強できていなかったのではありませんか。イスは停滞や保留を意味します。やる気が出なく、目標も持てずにここまできてしまいましたね。あまり勉強しなかったために、不安な気持ちに襲われているのかもしれません。

現在を表すカードはシゲルです。シゲルは活力や成功を意味します。受験が目前となって俄然意欲が湧き、前向きになっています。目標ができて勉強も楽しくなってきました。やった分だけ結果も現れています。この調子で受験までしっかりと勉強すれば、合格も夢ではありません。睡眠時にはシゲルの対応アロマ「スイートオレンジ」を、アロマライトで香らせて枕元に置きましょう。健やかに眠りにつけます。

未来を表すカードにはラドが出ています。ラドは変化や移動を意味しています。新しい高校での華やかなスタートを暗示しています。そこはもしかして自宅より少し離れている場所かもしれません。交通に時間がかかる場所ですが、とても楽しく心がウキウキするようなところです。新しい出会いや友人との活発な交流もあります。

ラドに対応するアロマのユーカリ精油で、栞《しおり》を作ってみてはいかがでしょう。参考書に挟んで勉強の途中で香りを嗅いでみてください。頭がすっきりとして集中力が高まります。高校に入学してからは教科書に挟んで学校に持っていきましょう。楽しい仲間とのつながりが広がるでしょう。

第4章

占いの結果を開運につなげる

占いの結果に対応したアロマの活用方法

第3章で覚えたルーンアロマのリーディング方法には慣れてきたでしょうか。占いで出た結果に対して、アロマを適切に使用することで幸運への道が開け、心の安心感が得られます。ぜひ精油を正しく使ってみましょう。

精油の使い方は第2章で「アロマクラフト」として紹介しています。ここでは、精油を生活にそのまま活用する方法をご紹介します。エステティシャンやセラピストの方にはサロンでの取り入れ方、ご家庭ではお子さんから大人まで幅広く利用できる方法など、日々の暮らしの中でのアロマを取り上げます。182ページの注意事項を読んでから実践してください。

芳香浴（ディフューザー、アロマストーン、マグカップ）

ほとんどの精油で行える利用方法は芳香浴です。多くの精油がこの方法で使用できますから、ルーンアロマの実践には一番向いています。ワンオラクルやツーオラクルで出た対策ルーンに対応した精油を使って香りを楽しみます。手軽にできるので日常的にルーンアロマ占いを活用できます。

芳香浴といっても、さまざまな方法があります。代表的な3つの方法をご紹介します。

〈芳香浴1　ディフューザー〉

ディフューザーは香りを拡散させるアイテムです。精油専門のアロマディフューザーを使えば、空間領域に合った精油を香らせることができます。ディフューザーには噴霧式や加熱式、超音波式などの種類があります。それぞれの特徴があるので、利用したい環境によって揃えてみましょう。ただしどの方法でも長時間の連続使用は避けましょう。

・**噴霧式ディフューザー**　精油瓶をそのままセットし、霧状にして噴出します。微粒子に変えて拡散するため、広範囲に噴霧できます。お店やオフィスに向いています。芳香が強く広く拡散できるメリットに対し、精油の減りが早いデメリットもあります。

・**加熱式ディフューザー**　アロマランプを使い、電気の熱や直接火気で温めます。受け皿に水を張って精油を数滴たらし、下から電気やろうそくなどで熱します。温められることで香りが広がります。短時間香らせたいときに便利です。火気への注意が必要です。

・**超音波式ディフューザー**　精油を垂らした水を超音波によって気化させて香らせる方法です。香りの拡散が早く、加湿器として兼用できるものもあり、量も調節できます。水を使うため、定期的なお手入れが必要です。

〈芳香浴2　アロマストーン〉

アロマストーンとは、石膏や珪藻土で作られた小さな置物（ストーン）です。精油を2～3滴垂らせば、1時間ほど周辺に香りが広がります。自分だけで楽しみたいときや、小さい範囲で香らせたいときに便利です。仕事中にパソコンの横に置いて、頭をクリアにする精油を香らせれば作業がはかどるでしょう。缶入りストーンを使えば持ち運ぶこともできます。手軽に楽しめてアロマテラピーを簡単に実践できます。

香りが混ざりやすいため、柑橘系の精油とハーブ系の精油は分けて使うとよいでしょう。消耗品のため、数か月で交換が必要となるので注意しましょう。

〈芳香浴3　マグカップ〉

こちらも手軽な方法です。お手持ちのマグカップに湯を張り、精油を2～3滴垂らします。湯気と一緒に立ち上がる香りを楽しみます。ダイレクトに吸入できるので、一瞬にしてリラックス&リフレッシュできます。湯気の温かみも感じられて心地よさが深まります。吸入は10分以内とします。

精油は飲めませんので、間違いを避けるためにもアロマ専門に決めたマグカップを使うようにします。湯気が目に入らないように、目は閉じて利用しましょう。

アロマトリートメント（セルフケア）

ご家庭でも簡単にアロマトリートメントが行えます。自分で自分をケアするセルフケアや、家族や友人にトリートメントする場合があります。他者へトリートメントする場合は一定の知識が必要となりますので、今回は初心者でもできる自分へのセルフケア方法をご紹介します。

〈アロマトリートメント・セルフケア〉

トリートメントオイルを調合し、自分で自分の体をいたわります。使用する植物オイルと精油を使い分けることで、体全体や部位、フェイスなどの保湿・引き締めなどの効果が期待できます。

～トリートメントオイルの作り方～

〈準備するもの〉

精油、植物オイル30㎖（例：スイートアーモンドオイル、ホホバオイルなど）、ガラスビーカー、ガラス棒、遮光保存容器、ラベル

〈作り方〉

①ビーカーに植物オイルを入れ、精油を加える。このとき、ボディ用には1～6滴まで、フェイス用には1～3滴までの精油を入れる。顔のほうが吸収率が高いため、濃度を低くすること（ボディは1％以下、フェイスは0.5％以下の濃度にする）。

②ガラス棒で混ぜて保存容器に移し、作成日を記入したラベルを貼る。冷蔵保存で2週間で使いきること。

③（使い方）オイルを手のひらで温めたあと、トリートメントする部位に優しく伸ばす。もみ込まずに、そっとさするようにオイルを伸ばしていくのがコツ。手のひらを部位にぴったり密着させる。

④脚の場合、足首からふくらはぎを通り、膝裏に向けて両手で優しくなでる。滑りが悪くなったらオイルを足す。太ももは、外側を膝から太もものつけ根までなで上げる。

次に内側を同じようになでる。両手を交互に動かしながら行う（１７６ページ）。

⑤腕の場合、もう片方の腕でつかみ、手首から肘に向けてなでる。そのあと親指でらせんをかくようにさすり上げる。肘から二の腕に向けては、４指でなでる。外側と内側をまんべんなく行う（１７７ページ）。

セルフトリートメントは血液やリンパの流れをよくします。オイルの種類や精油の種類によって、美容効果も期待できます。最初は気持ちよい程度（10分くらい）から始めてみましょう。力を入れすぎないように注意してください。なでる動作は自分をいたわる気持ちが生まれ、自己肯定感も高まります。

ルーンアロマ占いで出た対応精油を使えば、メンタルにもよい影響が出て、精神作用も得られます。ただし、精油の注意事項をよく確かめてください、身体には使えない精油もあるため、巻末資料の使用上の注意をしっかりとチェックしましょう。

また精油はそのまま肌にはつけられないため、必ず植物オイルで希釈して使います。

【脚と腕のトリートメント】

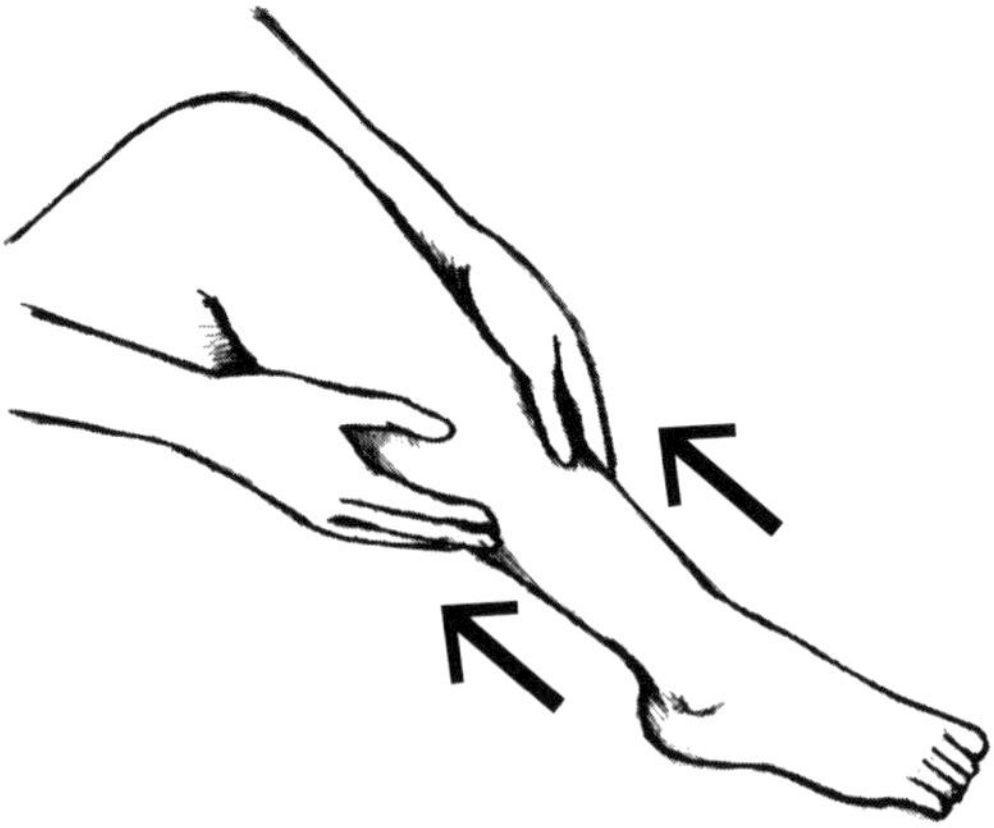

手のひらにオイルをつけて、足首からふくらはぎを通り膝裏に向けて両手で優しくなでる。手のひら全体を使ってさすり上げる。滑りが悪くなったらオイルを足す。

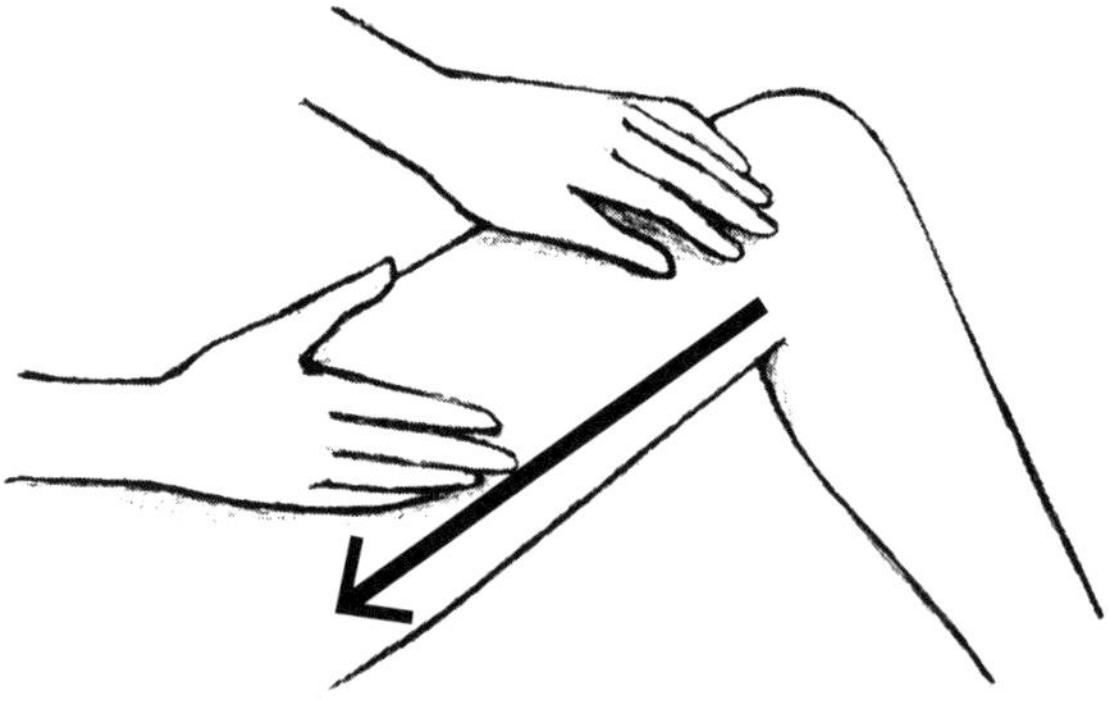

手のひらにオイルをつけて、太ももの外側を膝から足のつけ根まで両手で交互になで上げる。太ももの内側も同じように手前へ引くようになで上げる。手のひらを太ももにぴったり密着させて行う。

手のひらにオイル（スイートアーモンドやホホバなど）をつけて、片方の腕でもう片方の手首をつかみ、肘に向けてなでる。手のひらと指も使ってなでるように行う（①）。そのあと親指でらせんを描くようにさする（②）。
肘から二の腕に向けても行う。この場合は、４指でさすり上げる。外側と内側をまんべんなく行う。

「アロマブレンド」について

各カードのキーワードに出てくる「アロマブレンド」とは、精油をクラフトに活用する際、ブレンドしやすい相性のいい精油を示しています。同じキーワードの精油同士を組み合わせるほか、右の図のように隣り合ったブレンド名の精油と合わせると香りがなじみやすくなります。

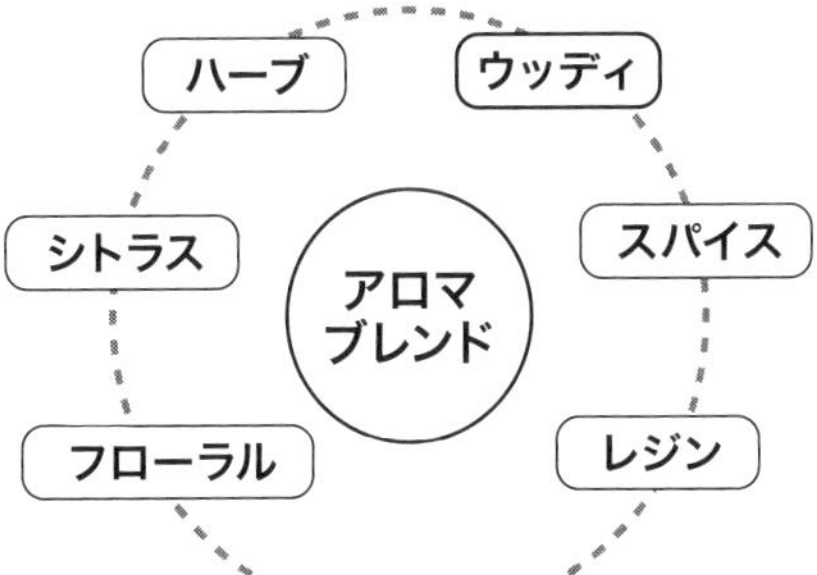

沐浴（全身、半身、手浴、足浴）

バスタイムや半身浴に精油を利用する方法も広く知られています。手軽で、生活の中ですぐに取り入れやすいのが特徴です。入浴による温熱作用との相乗効果も期待できます。ただしこの方法には使えない精油があるため、注意事項をしっかりチェックしましょう。

・全身浴法　一般的な家庭の浴槽（２００ℓ）に対し、精油１～５滴を使用します。精油はエタノール５㎖もしくは植物オイル５㎖で希釈してから入れること。精油を直接お湯に入れると溶けずに上部に浮いて、体に触れてしまいます。必ず希釈してから入れます。肩まで浸かって10分ほど入浴し、リラックスしましょう。

・半身浴法　精油は１～３滴（希釈したもの）入れます。ゆっくり身体を温めることができます。肩が冷えないようにタオルをかけるとよいでしょう。

・手浴・足浴　洗面器などに40℃程度のお湯を張り、精油を１～３滴垂らします（希釈したもの）。手もしくは足を入れて温めます。身体の末端を温めることで、全身の血行をよくし、循環機能を高めます。お湯がぬるくなったら足してもいいでしょう。

ストレスを緩和するラベンダーやゼラニウム、鎮静作用のあるサンダルウッド、気分がすっきりするサイプレスなど、精油の種類によって効果にも違いがあります。

セラピストがサロンで利用する方法

ルーンアロマはサロンのメニューに加えることが可能です。たくさん話を聞くきっかけにもなりますし、お客様の体調を知ることもできます。

たとえば施術後、アフターティーでゆっくりと話をするようなときに、ルーンアロマ占い（セッション）を行うことができます。現在の悩み事や知りたい未来のことがあれば、占って差し上げます。出た結果に対して解説しましょう。お土産として、占いで出た結果に対応した精油を数滴垂らした、アロマストーンをお持ち帰りいただくのはいかがでしょうか。お土産には独自のアイデアが生かせます。

・ルーンに対応したカラー（巻末資料参照）のメッセージカードに、精油を数滴たらしてお渡しする。
・コットンに精油をしみ込ませてハンカチと一緒に袋に入れて差し上げる。
・アロマペンダントに精油を詰める。

慣れてくればルーンアロマ占いのセッションとして、独立したメニューにすることもできます。施術にプラスしたオリジナリティを発揮することができます。

参考文献

『ルーン文字の世界　歴史・意味・解釈』
ラーシュ・マグナル・エーノクセン著　国際語学社

『ルーン文字 古代ヨーロッパの魔術文字』ポール・ジョンソン著　創元社

『ルーンの魔法のことば　妖精の国のルーン文字』アリ・バーク著　原書房

『改訂版神聖ルーン・タロット占術』鏡リュウジ著　学習研究社

『古代北欧ルーン占い』杉原梨江子著　実業之日本社

『悩み解決のヒントが得られるルーン占い』藤森緑著　説話社

『あなたの願いを叶えてくれるルーン占い入門』石川楓花著　説話社

『一番わかりやすいはじめてのルーン占い』高橋桐矢著　日本文芸社

『北欧神話』パードリック・コラム著　岩波書店

『図説　北欧神話の世界』ヴィルヘルム・ラーニシュ著　八坂書房

『北欧・ゲルマン神話シンボル事典』ロベール＝ジャック・テイボー著　大修館書店

『物語　北欧神話（上）（下）』ニール・ゲイマン著　原書房

『エッダ古代北欧歌謡集』谷口幸男訳　新潮社

『アロマテラピー＜芳香療法＞の理論と実際』
ロバート・ティスランド著　フレグランスジャーナル社

『アロマテラピーのための 84 の精油』ワンダー・セラー著　フレグランスジャーナル社

『スピリットとアロマテラピー』ガブリエル・モージェイ著　フレグランスジャーナル社

『アロマテラピーハンドブック』ピーター&ケイト・ダミアン著　中央アート出版社

『決定版　アロマテラピーのきほん』佐々木薫著　主婦の友社

『アロマテラピーコンプリートブック上巻』ライブラ香りの学校著　林伸光監　小社刊

『アロマテラピー図解事典』岩城都子著　高橋書店

『「アート」と「サイエンス」の両面から深く学び理解する香りの「精油事典」』
太田奈月著　小社刊

『アロマテラピー検定公式テキスト１級・２級』公益社団法人日本アロマ環境協会

『公益社団法人日本アロマ環境協会（AEAJ）対応アロママテラピーインストラクター試験合格問題集』佐藤美恵著　小社刊

『セイクリッド・アロマカード』夏秋裕美著　小社刊

『スピリチュアルアロマテラピー入門』吉田節子著　小社刊

『生活の木アロマワークショップ BOOK』生活の木著　PARCO 出版

『簡単手作り石けん、ハンドジェル、ハンド&マスクスプレー』生活の木著　主婦の友社

『手づくりの石けんと化粧品ハーブや精油の香りが楽しめる』佐々木薫監　池田書店

巻末資料

精油解説
25種

【アロマの安全性と使用上の注意】

■精油を扱う際の注意点

・原液を直接皮膚につけないこと。誤ってついた場合はすぐに大量の水で洗い流します。
・精油を飲用しないこと。誤って口に入ったら大量の水ですすぎます。飲み込んだ場合は吐かずにすぐに医師の診察を受けます。誤飲した精油の瓶を持参します。
・精油を目に入れないこと。目に入った場合、大量の水で洗い流します。速やかに医師の診察を受けます。
・火気に注意すること。引火性があるため、火に近づけないよう注意が必要です。
・子どもやペットの手の届かない場所に置くこと。

■注意すべき対象者

子ども（3歳未満は芳香浴のみ、3歳以上は成人の10分の1の量から始める）。高齢者（基準の半分以下の量からはじめる）、既往歴のある方・妊産婦・皮膚の弱い方・医師による治療を受けている方や薬を処方されている方は、医師の指示を仰ぎましょう。

■精油の保管方法

遮光性のガラス瓶に入れ、ふたをしっかり閉め、立てて保管します。直射日光の当たらない冷暗所に保管します。湿度にも注意します（多湿は避ける）。使用期間は開封後、1年以内が目安とされています。使用前に必ず香りを確かめましょう。

■本書で紹介する25種のうち注意すべき精油

光毒性に注意が必要な精油（紫外線に反応し、皮膚炎症や色素沈着を起こすことがある）

グレープフルーツ、ベルガモット、レモン

皮膚刺激に注意が必要な精油（炎症、紅斑、かゆみ等皮膚刺激を起こすことがある）

イランイラン、ジャスミン、ティートリー、ブラックペッパー、ペパーミント、メリッサ、ユーカリ、レモングラス

■自己責任の法則

アロマテラピーを利用する際には「自己責任の法則」が基本となります。化粧品などを無許可で製造販売することは法律で禁止されています。自分で使用するためだけに作ることは規制されていません。アロマの使用は自己責任において行うことを十分認識しておかなければなりません。

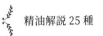

イランイラン　学名:*Cananga odorata*　科名:バンレイシ科

抽出部位	花	抽出方法	水蒸気蒸留法
主産地	コモロ、マダガスカル、インドネシア		
成分例	リナロール、ゲラニオール、酢酸ベンジル		
心への働き	落ち込んだ気分を明るく前向きにする。精神的な緊張を緩和する。高揚感を得られる。リラックス作用がある。怒りを解きほぐす。		
体への働き	過度の緊張を和らげる。高い血圧を下げる。ホルモンのバランスを整える。寝つきをよくする。		
注意事項	香りが強いため使用量は控えめにする。皮膚刺激が報告されているため、敏感肌の場合、芳香浴法のみで使用する。妊娠初期は使用不可。		
ルーン文字	ギューフ　ᚷ	アロマブレンド	エキゾチック

クラリセージ　学名:*Salvia sclarea*　科名:シソ科

抽出部位	花	抽出方法	水蒸気蒸留法
主産地	ハンガリー、フランス、ブルガリア、ロシア		
成分例	酢酸リナリル、リナロール、スクラレオール		
心への働き	心身の緊張をほぐして気分を明るくする。不安を和らげる。リラックス作用がある。幸福感を与える。		
体への働き	月経前の不快感を和らげる。免疫力を上げる。更年期障害の緩和。鎮痛作用・鎮静作用がある。緊張を緩める。		
注意事項	多量使用や高濃度で使うと集中力をなくすことがある。飲酒時や運転前の使用は控える。妊娠中は使用不可。吸入法は避ける。		
ルーン文字	ラーグ　ᛚ	アロマブレンド	ハーブ

グレープフルーツ　学名:*Citrus paradisi*　科名:ミカン科

抽出部位	果皮	**抽出方法**	圧搾法
主産地	アメリカ、アルゼンチン、イスラエル、南アフリカ		
成分例	リモネン、ミルセン、オクタナール、ヌートカトン		
心への働き	心を自由にし、開放的にする。ストレスを軽減させる。 積極性と実行力を取り戻す。幸福感を与える。		
体への働き	強壮作用がある。月経前の不快感を和らげる。 胃腸のバランスをとり、食欲を調整する。体内の水分滞留を解消する。		
注意事項	光毒性が含まれるため使用後に紫外線を浴びないこと。入浴法不可。		
ルーン文字	マン　ᛗ	**アロマブレンド**	シトラス

サイプレス　学名:*Cupressus sempervirens*　科名:ヒノキ科

抽出部位	葉	**抽出方法**	水蒸気蒸留法
主産地	スペイン、フランス、モロッコ		
成分例	α-ピネン、δ-3-カレン、セドロール		
心への働き	気分をすっきりとさせ、リフレッシュさせる。怒りを和らげる。 イライラした気持ちを落ち着かせる。鎮静作用がある。		
体への働き	月経前の不快感を和らげる。血液の循環をよくし、調整する。 発汗過多に役立つ。血管収縮作用、収れん作用がある。		
注意事項	妊娠中の使用は避ける。		
ルーン文字	イング　ᛜ	**アロマブレンド**	ウッディ

サンダルウッド　学名:*Santalum album*　科名:ビャクダン科

抽出部位	心材	抽出方法	水蒸気蒸留法
主産地	インド、インドネシア、スリランカ		
成分例	α - サンタロール、β - サンタロール、サンタレン		
心への働き	鎮静作用・リラックス作用がある。緊張を解きほぐす。怒りを和らげる。		
体への働き	抗炎症作用・殺菌作用がある。泌尿器系・呼吸器系の不調に役立つ。肌の軟化・収れん作用がある。		
注意事項	香りが残りやすいため注意して使う。		
ルーン文字	ハガル　ᚺ	アロマブレンド	エキゾチック

ジャスミン(アブソリュート)　学名:*Jasminum grandiflorum*　科名:モクセイ科

抽出部位	花	抽出方法	揮発性有機溶剤抽出法
主産地	インド、エジプト、フランス、中国		
成分例	酢酸ベンジル、フィトール、cis- ジャスモン		
心への働き	悲観的な気持ちを温め、楽観的にする。不安を和らげ、自信を取り戻す。産後うつの心身の回復に役立つ。		
体への働き	ホルモンのバランスを調整する。抑うつ症の緩和。子宮収縮作用がある。呼吸器系への強壮作用がある。		
注意事項	妊娠中は使用不可。香りが強いため使用量は控えめにする。皮膚刺激があるため芳香浴法のみで使用する。		
ルーン文字	ベオーク　ᛒ	アロマブレンド	フローラル

ジュニパーベリー　学名:*Juniperus communis*　科名:ヒノキ科

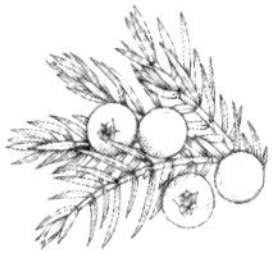

抽出部位	球果	抽出方法	水蒸気蒸留法
主産地	アルバニア、インド、フランス、ブルガリア		
成分例	α - ピネン、サビネン、ミルセン、テルピネン -4- オール、カンフェン		
心への働き	鎮静作用がある。頭脳明晰作用があり、意欲を促す。集中力を高める。		
体への働き	デトックス作用がある。むくみとりや尿酸の排せつを行う。身体機能を活性化する。鎮痛作用がある。		
注意事項	妊娠中は使用不可。長期間の使用・多量使用は控える。		
ルーン文字	ウル　ᚢ	アロマブレンド	ウッディ

スイートオレンジ　学名:*Citrus sinensis*　科名:ミカン科

抽出部位	果皮	抽出方法	圧搾法
主産地	アメリカ、イタリア、コスタリカ、ブラジル		
成分例	リモネン、リナロール、シトラール、デカナール、オクタナール		
心への働き	気分を明るくする。楽天的になり、自己肯定感を高める。コミュニケーションに前向きになる。安眠に適している。		
体への働き	心身の元気回復を助ける。ストレスによる体調不良を緩和する。胃腸の鎮静作用がある。		
注意事項	妊娠初期は使用不可。入浴法不可。		
ルーン文字	シゲル　ᛊ	アロマブレンド	シトラス

スイートマージョラム　学名:*Origanum majorana*　科名:シソ科

抽出部位	葉	抽出方法	水蒸気蒸留法
主産地	エジプト、スペイン、チュニジア、フランス		
成分例	テルピネン -4- オール、γ - テルピネン、サビネン		
心への働き	不安を取り除く。リラックス作用がある。 悲しみや孤独感・さびしさを慰め、幸福感を与える。心を温める。		
体への働き	免疫を強壮する。体力回復・虚弱体質改善に役立つ。 血液やリンパ液の流れをよくする。消化器系の不調に役立つ。		
注意事項	妊娠中は使用不可。ぜんそくにも不向き。		
ルーン文字	ニイド　ᚾ	アロマブレンド	ハーブ

ゼラニウム　学名:*Pelargonium graveolens*　科名:フウロソウ科

抽出部位	葉	抽出方法	水蒸気蒸留法
主産地	エジプト、フランス、モロッコ		
成分例	シトロネロール、ゲラニオール、メントン、リナロール、 ローズオキサイド		
心への働き	緊張を取り除く。精神を明るくし、不安を鎮める。 ストレスを軽減させる。心のバランスを調整する。		
体への働き	ホルモンバランスを調整する。更年期症状や月経前の不快症状に役立つ。利尿作用・リンパ系刺激作用がある。		
注意事項	妊娠初期の使用不可。		
ルーン文字	ウィン　ᚹ	アロマブレンド	フローラル

ティートリー　学名:*Melaleuca alternifolia*　科名:フトモモ科

抽出部位	葉	抽出方法	水蒸気蒸留法
主産地	オーストラリア		
成分例	テルピネン -4- オール、γ - テルピネン、テルピネオール、1,8- シネオール		
心への働き	神経系を強壮する。無気力を和らげる。活力を湧かせる。リフレッシュ効果がある。		
体への働き	感染作用や殺菌作用がある。免疫力を高める。精神疲労・神経衰弱に役立つ。		
注意事項	皮膚刺激があるため、芳香浴法と吸入法のみで使用する。		
ルーン文字	ティール　↑	アロマブレンド	ウッディ

パチュリ　学名:*Pogostemon cablin*　科名:シソ科

抽出部位	葉	抽出方法	水蒸気蒸留法
主産地	インド、インドネシア、スリランカ		
成分例	パチュリアルコール、パチュレン、β - カリオフィレン		
心への働き	鎮静作用がある。イライラを抑える。精神のバランスをとる。不安や無気力感を和らげる。		
体への働き	肌への収れん作用・組織再生作用がある。利尿作用により水分の停滞解消に役立つ。リンパの流れを促進する。		
注意事項	香りが長く続くので使用時に注意する。		
ルーン文字	イス　|	アロマブレンド	エキゾチック

パルマローザ　学名:*Cymbopogon martini*　科名:イネ科

抽出部位	葉	抽出方法	水蒸気蒸留法
主産地	インド、ベトナム		
成分例	ゲラニオール、酢酸ゲラニル、β-カリオフィレン、リナロール		
心への働き	鎮静作用と高揚作用を併せ持つ。ストレスを緩和する。 心身のバランスをとる。気分をすっきりさせる。		
体への働き	疲労回復に役立つ。抗菌作用や強壮作用がある。 消化器系に役立つ。肌の水分バランスを回復させて保湿を促す。		
注意事項	妊娠中は使用不可。		
ルーン文字	ダエグ ᛞ	アロマブレンド	エキゾチック

ブラックペッパー　学名:*Piper nigrum*　科名:コショウ科

抽出部位	果実	抽出方法	水蒸気蒸留法
主産地	インド、スリランカ、マダガスカル		
成分例	β-カリオフィレン、リモネン、α-ピネン、β-ファルネセン		
心への働き	心を温める。ストレスを軽減させる。 精神的欲求不満を解消する。		
体への働き	血行を促進する。筋肉疲労に役立つ。 強壮作用、血管拡張作用がある。スタミナ回復に役立つ。		
注意事項	皮膚刺激があるため芳香浴法と吸入法のみで使用する。 香りが強いため多量の使用や頻繁には使わない。		
ルーン文字	アンスール ᚨ	アロマブレンド	スパイス

フランキンセンス　学名:*Boswellia sacra*　科名:カンラン科

抽出部位	樹脂	抽出方法	水蒸気蒸留法
主産地	エチオピア、ケニア、ソマリア		
成分例	α - ピネン、リモネン		
心への働き	鎮静作用がある。緊張を和らげる。ストレスを軽減させる。 心を鎮めて集中力を強化する。不安を取り除く。		
体への働き	呼吸を深く楽にする。胸部の緊張を解消する。 抗感染作用、鎮静作用がある。収れん作用がある。		
注意事項	―		
ルーン文字	ウィルド	アロマブレンド	レジン

ベチバー　学名:*Chrysopogon zizanioides*　科名:イネ科

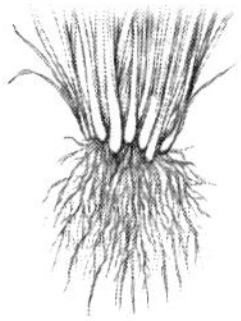

抽出部位	根	抽出方法	水蒸気蒸留法
主産地	インドネシア、スリランカ、ハイチ、マダガスカル		
成分例	クシモール、ベチボン、ベチベロール		
心への働き	鎮静作用がある。緊張をほぐす。ストレスを緩和する。 心身のバランスをとる。		
体への働き	筋肉痛・関節痛に適する。疲労回復に役立つ。血行をよくする。 安眠に適する。		
注意事項	香りが残りやすいため注意して使う。		
ルーン文字	ユル　ᛇ	アロマブレンド	エキゾチック

ペパーミント　学名:*Mentha piperita*　科名:シソ科

抽出部位	葉	抽出方法	水蒸気蒸留法
主産地	アメリカ、インド、中国		
成分例	ℓ-メントール、メントン、1,8-シネオール、イソメントン		
心への働き	イライラを鎮める。精神疲労を取り去る。冷静さを取り戻す。 集中力に役立つ。		
体への働き	筋肉痛に適する。乗り物酔いや鼻づまりに役立つ。 消化器系の調子を整える。デオドラントに適する。		
注意事項	妊娠中は使用不可。香りが強いため多量に使わない。 皮膚刺激があるため使用は芳香浴法・吸入法のみ。		
ルーン文字	ソーン　ᚦ	アロマブレンド	ハーブ

ミルラ　学名:*Commiphora myrrha*　科名:カンラン科

抽出部位	樹脂	抽出方法	水蒸気蒸留法
主産地	インド、エチオピア、ソマリア		
成分例	エレメン、α-ピネン、リモネン		
心への働き	鎮静作用がある。悲しみを軽減する。憂鬱を緩和する。 神経を強化する。		
体への働き	免疫力を高める。抗炎症作用・殺菌作用がある。 婦人科系や呼吸器系に役立つ。肌を保護する作用がある。		
注意事項	妊娠中は使用不可。		
ルーン文字	オセル　ᛟ	アロマブレンド	レジン

メリッサ　学名:*Melissa officinalis*　科名:シソ科

抽出部位	葉	抽出方法	水蒸気蒸留法
主産地	アメリカ、イギリス、イタリア、フランス		
成分例	シトラール、β-カリオフィレン、シトロネラール、ゲラニオール、リナロール		
心への働き	プレッシャーからの解放。気持ちを明るくする。精神のバランスをとる。パニック時に鎮静力を発揮する。		
体への働き	鎮静作用がある。循環器系に役立つ。血圧を安定させる。呼吸を整える。婦人科系のトラブルを緩和する。		
注意事項	妊娠中は使用不可。香りが強いため使用量は控えめにする。皮膚肌刺激があるため使用は芳香浴法と吸入法のみ。		
ルーン文字	ケン　ᚲ	アロマブレンド	シトラス

ユーカリ　学名:*Eucalyptus globulus*　科名:フトモモ科

抽出部位	葉	抽出方法	水蒸気蒸留法
主産地	オーストラリア、スペイン、中国、ポルトガル		
成分例	1,8-シネオール、α-ピネン、リモネン		
心への働き	意識を明晰にする。集中力を高める。ふさぎ込んだ気分を解き放つ。		
体への働き	殺菌作用、消炎作用がある。抗ウィルス作用がある。呼吸器系トラブルに役立つ。筋肉痛に適する。		
注意事項	刺激があるため長期使用、多量使用を避ける。皮膚刺激があるため使用は芳香浴法、吸入法、湿布法のみ。		
ルーン文字	ラド　ᚱ	アロマブレンド	ウッディ

ラベンダー　学名:*Lavandula angustifolia*　科名:シソ科

抽出部位	花	抽出方法	水蒸気蒸留法
主産地	フランス、ブルガリア		
成分例	リナロール、酢酸リナリル、酢酸ラバンジュリル、ラバンジュロール		
心への働き	中枢神経系のバランスを調節する。鎮静作用がある。 ストレスを軽減する。疲労回復に役立つ。緊張を緩める。		
体への働き	安眠に適する。高血圧に役立つ。乾燥肌を整え、皮脂分泌のバランスをとる。鎮痛作用があり、筋肉痛・頭痛・生理痛に適する。		
注意事項	妊娠初期は使用不可。 低血圧症の人の中には感覚が鈍磨しすぎることがある。		
ルーン文字	エオロー　ᛉ	アロマブレンド	フローラル

レモン　学名:*Citrus limon*　科名:ミカン科

抽出部位	果皮	抽出方法	圧搾法
主産地	アメリカ、アルゼンチン、イタリア、スペイン		
成分例	リモネン、シトラール、オクタナール、リナロール、デカナール		
心への働き	気持ちを切り替えて前向きにする。集中力を高める。 気分を高揚させる。冷静さを取り戻す。		
体への働き	胃腸のぜん動運動を正常化させる。消毒殺菌作用・抗ウィルス作用がある。免疫を強化する。血流をよくする。		
注意事項	光毒性が含まれるため使用後に紫外線を浴びないこと。入浴法不可。		
ルーン文字	ペオース　ᛈ	アロマブレンド	シトラス

レモングラス

学名:*Cymbopogon flexuosus*　科名:イネ科

抽出部位	葉	**抽出方法**	水蒸気蒸留法
主産地	インド		
成分例	シトラール、ゲラニオール、メチルヘプテノン、酢酸ゲラニル		
心への働き	精神を刺激し、活力を高める。心に元気を与える。 疲労回復に役立つ。不安を解消する。		
体への働き	消化の働きをよくする。鎮痛作用、抗炎症作用がある。 肩こり、筋肉痛に役立つ。消毒殺菌作用があり、感染症に役立つ。 胃腸の炎症を鎮める。		
注意事項	皮膚を刺激することがあるため高濃度使用不可。 香りが強いため頻繁使用を避ける。トリートメント法使用不可。		
ルーン文字	エオー　ᛖ	**アロマブレンド**	シトラス

ローズオットー

学名:*Rosa damascena*　科名:バラ科

抽出部位	花	**抽出方法**	水蒸気蒸留法
主産地	イラン、トルコ、ブルガリア、モロッコ		
成分例	シトロネロール、ゲラニオール、フェニルエチルアルコール、 ローズオキサイド		
心への働き	心を明るくする。神経過敏に役立つ。ストレスを軽減する。 緊張を緩める。幸福感をもたらす。		
体への働き	女性ホルモンを調節する。月経不順などの女性特有のトラブルに役 立つ。免疫力を上げる。心身強壮作用がある。疲労回復に役立つ。		
注意事項	香りが強いため頻繁な使用は避ける。妊娠中は使用不可。		
ルーン文字	フェオ　ᚠ	**アロマブレンド**	フローラル

ローズマリー　学名:*Rosmarinus officinalis*　科名:シソ科

抽出部位	葉	抽出方法	水蒸気蒸留法
主産地	スペイン、チュニジア、フランス、モロッコ		
成分例	1,8-シネオール、ボルネオール、カンファー、ベルベノン		
心への働き	自尊心を高める。憂鬱な気分を解消する。精神的疲労を回復させる。 集中力を高める。		
体への働き	神経を強壮させる。血流をよくし、記憶力を高める。 疲労回復に役立つ。免疫力を上げる。低血圧や手足の冷えに役立つ。		
注意事項	妊娠中は使用不可。 高血圧、てんかんの持病がある人は使用を避ける。		
ルーン文字	ヤラ　ᛃ	アロマブレンド	ハーブ

キーワード一覧表

ルーン文字	ルーン文字読み	英字	英語	意味	キーワード	アロマ	カラー	宝石
ᚠ	フェオ	F	Fee	家畜	富・財産・成長・強い意志	ローズオットー	明るい赤	シトリン
ᚢ	ウル	U	Urox	野牛	英雄・力強さ・本能・大胆	ジュニパーベリー	深緑	カルサイト
ᚦ	ソーン	Th	Thorn	とげ	警告・助言・執着・恐れ	ペパーミント	明るい赤	サファイア
ᚨ	アンスール	A	Answer	言葉	知性・コミュニケーション・情報・学問	ブラックペッパー	紺	エメラルド
ᚱ	ラド	R	Ride	乗り物	旅・目的・変化・連絡	ユーカリ	明るい赤	クリコソラ
ᚲ	ケン	K/C	Keen	炎	情熱・エネルギー・勇気・正義感	メリッサ	赤	ブラッドストーン

ルーン文字	ルーン文字読み	英字	英語	意味	キーワード	アロマ	カラー	宝石
ᚷ	ギューフ	G	Gift	贈り物	愛情・才能・信頼・奉仕	イランイラン	紺	オパール
ᚹ	ウィン	W	Win	喜び	幸福・成就・到達・平和	ゼラニウム	黄	ダイヤモンド
ᚺ	ハガル	H	Hail	雹《ひょう》	アクシデント・困難・気づき・衝撃	サンダルウッド	水色	オニキス
ᚾ	ニイド	N	Need	必要	欠乏・慎重・希望・再考	スイートマージョラム	黒	ラピスラズリ
ᛁ	イス	I	Ice	氷	停滞・凍結・保留・静観	パチュリ	黒	キャッツアイ
ᛃ	ヤラ	J	Year	一年	収穫・成果・集大成・繰り返し	ローズマリー	水色	カーネリアン
ᛇ	ユル	Y	Yew	イチイの木	忍耐・再生・転換・終止符	ベチバー	紺	トパーズ
ᛈ	ペオース	P	—	ダイスカップ	運・偶然・チャンス・挑戦	レモン	黒	アクアマリン
ᛉ	エオロー	Z	Elk	大鹿	友情・ユニーク・団結・保護	ラベンダー	白	アメジスト
ᛊ	シゲル	S	Sun	太陽	光・成功・活力・栄光	スイートオレンジ	金	ルビー
ᛏ	ティール	T	Tyr	戦い	勇敢・正義・勝利・不屈	ティートリー	明るい赤	コーラル
ᛒ	ベオーク	B	Birch	カバの木	母性・やさしさ・平穏・始まり	ジャスミン	深緑	ムーンストーン
ᛖ	エオー	E	Horse	馬	パートナー・新天地・展開・行動	レモングラス	白	クリスタル
ᛗ	マン	M	Man	人間	交流・仲間・対等・援助	グレープフルーツ	赤	ガーネット
ᛚ	ラーグ	L	Lake	水	想像力・ロマン・美意識・繊細	クラリセージ	深緑	パール
ᛜ	イング	NG	Ing	誕生	意欲・感性・円満・豊穣	サイプレス	黄	琥珀
ᛟ	オセル	O	—	故郷	相続・縁・伝統・過去	ミルラ	茶	ルビー
ᛞ	ダエグ	D	Day	1 日	均衡・前進・着実・安定	パルマローザ	水色	ダイヤモンド
	ウィルド	—	—	宿命	運命・潜在意識・未知・無	フランキンセンス	白 / 黒	ラピスラズリ

上田みさと （うえだ　みさと）

公益社団法人日本アロマ環境協会認定アロマテラピーインストラクター、アロマテラピーアドバイザー、アロマハンドセラピスト。ルーン占術を研究。ルーン文字の魅力に魅せられ、アロマテラピーの癒し効果とのリレーションを深める。ワークショップやアロマカウンセリングにルーン占術を取り入れ、占術家としても活動開始。クライアントからの一定の評価を得て、新しいルーンアロマ占いの構想へと至る。

ルーンアロマ占いネット
https://www.runearoma.net/

北欧の神が宿る魔法文字
ルーンとアロマの開運セラピー
2024年4月14日　初版第１刷発行

著　者　上田みさと
発行者　東口 敏郎
発行所　株式会社ＢＡＢジャパン
〒151-0073 東京都渋谷区笹塚1-30-11 4F・5F
TEL: 03-3469-0135　FAX: 03-3469-0162
URL: http://www.bab.co.jp/　E-mail: shop@bab.co.jp
郵便振替00140-7-116767
印刷・製本　シナノ印刷株式会社

ISBN 978-4-8142-0606-3

イラスト　竹田久美子
デザイン　大口裕子

今のあなたに必要な何かを知る！オススメ書籍

33の扉から…あなたの豊かな本質に目覚める旅へ

書籍&カード　セイクリッド・アロマカード

本書は、アロマテラピーの植物と自然界のスピリットが描かれた美しい33枚のカード&ブックです。1枚のカードから、今のあなたに最適な精油が示され、スピリチュアルメッセージが届けられます。あなたの知らないあなたに出会う！

●夏秋裕美 著　●四六判　三方背（ボックス）仕様
● 216頁〈カード33枚付〉　●本体3,714円+税

精油からの素晴らしいメッセージを受け取ってください

書籍　スピリチュアルアロマテラピー入門

本書に綴じ込まれた、36種類のアロマカードから1枚選びます。カードのメッセージと本書を読み、カードで選ばれた精油の香りを嗅ぐことで、今の自分に必要な何かが見えてきます。アロマを活用した「自分探しと、癒しの書籍」です。

●吉田節子 著　● A5判　● 178頁　●本体1,800円+税

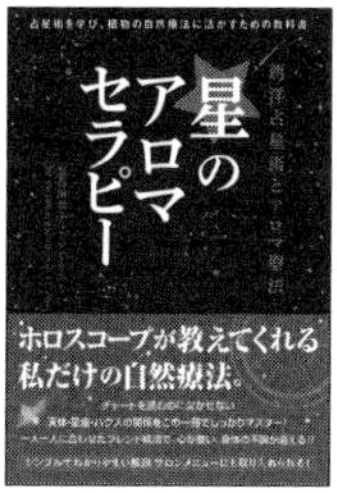

占星術を学び、植物の自然療法に活かすための教科書

書籍　星のアロマセラピー

ホロスコープが教えてくれる私だけの自然療法。チャートを読むのに書かせない天体・星座・ハウスの関係をこの一冊でしっかりマスター！一人一人に合わせたブレンド精油で、心が整い、体の不調が消える‼シンプルでわかりやすい解説ーーサロンメニューにも取り入れられます！

●登石麻恭子 著　● A5判　● 288頁　●本体2,000円+税

幸せを引き寄せる

書籍　赤毛のアンとハーブのある暮らし

まるで、アンの絵本を読んでいるような感覚でガーデニングが楽しめます。オールカラーで美しい世界観を再現‼アンが“ボニー”と名付けた「ゼラニウム」、ダイアナにふるまうはずだった「ラズベリー」誘惑の「りんご」はギルバートからアンへの愛情表現 ...etc

●竹田久美子 著　● A5変形　● 170頁　●本体1,500円+税

エネルギーの流れをつかんで運の上昇気流にのる‼

書籍　すごい！陰陽五行開運カード

成功への道案内!占いカード付。毎日楽しみながら、陰陽五行開運カードを使ってみてください。自然のリズムと同化し、バランスよく日々を過ごせるようになるでしょう。今つらく苦しい想いを抱えている人も、やがて理解できるときがくると思います。

●寒河江秀行 著　● A5判
● 168頁(開運カード20枚付き)　●本体1,600円+税

1
FEOH

2
UR

3
THORN

4
ANSUR

5
RAD

6
KEN

11
IS

9
HAGALL

7
GEOFU

12
JARA

10
NIED

8
WYNN

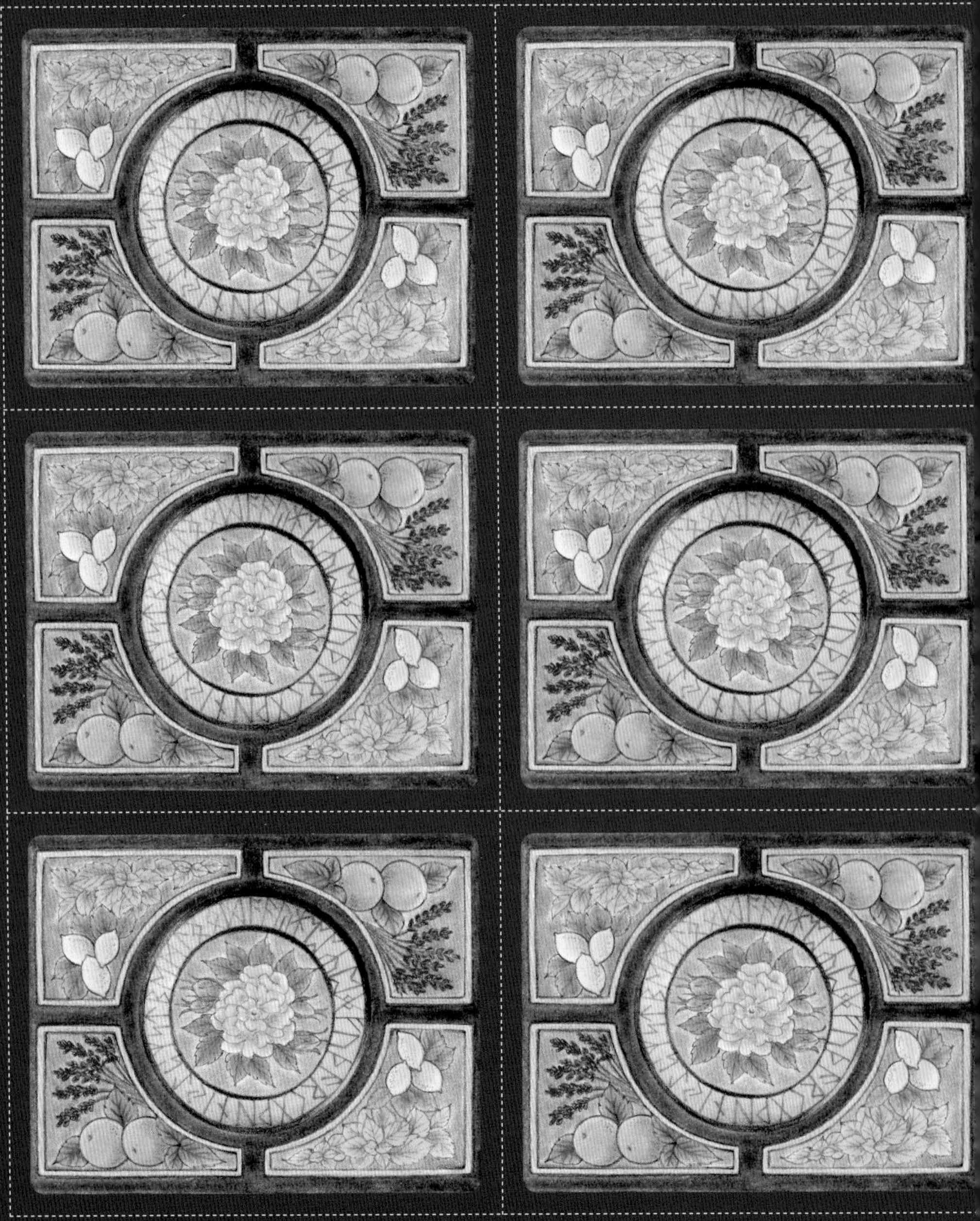

17
TIR

15
EOLH

13
YR

18
BEORC

16
SIGEL

14
PEORTH

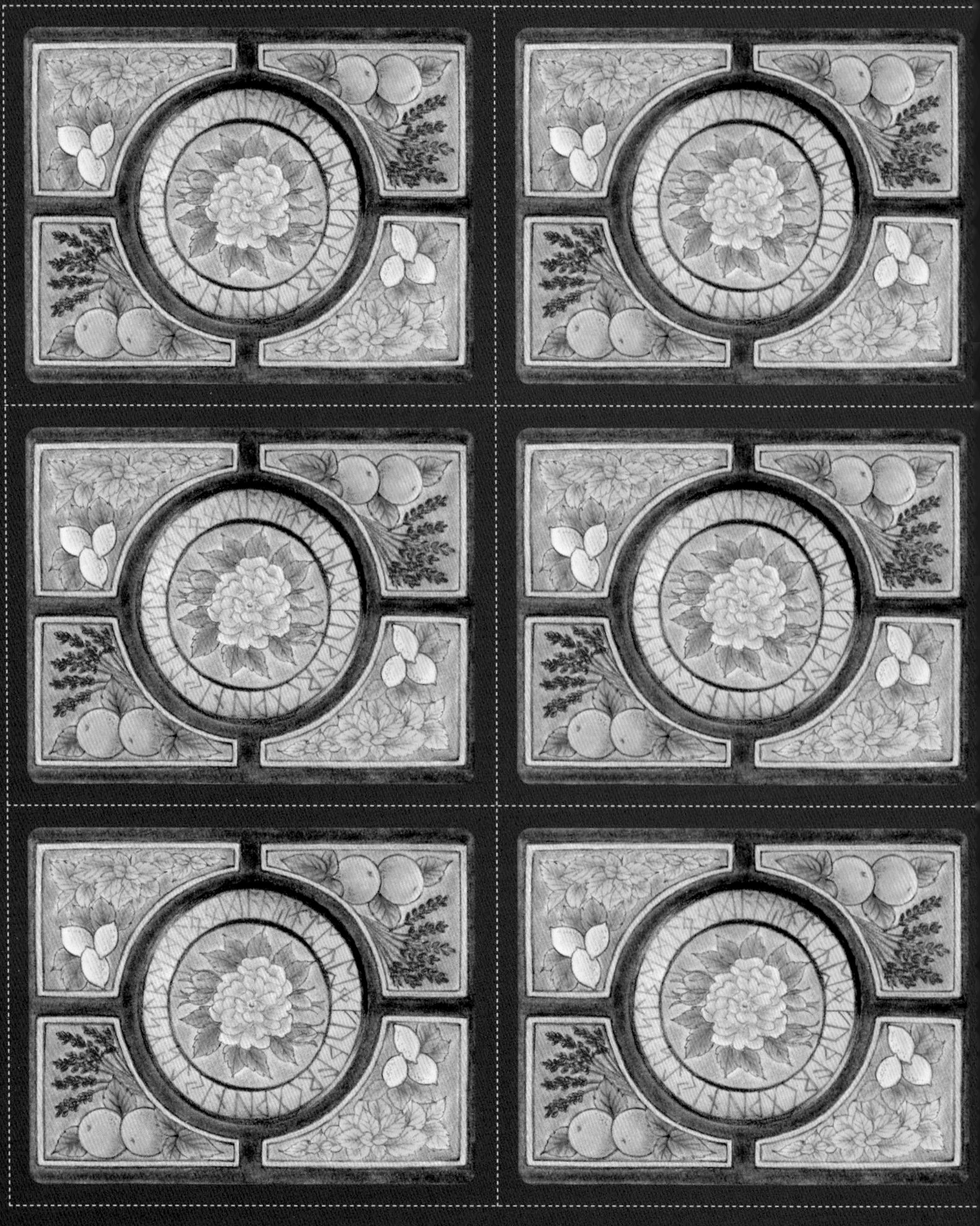

23
OTHEL

21
LAGU

19
EOH

24
DAEG

22
ING

20
MANN

代わる新しい日本国憲法が施行され、貴族院は廃止となり、従って「研究会」「尚友会」も消滅したが、社団法人尚友倶楽部は生き残り、公益事業を行う法人として新しい出発をした。そして、昭和六十一年（一九八六）一月、尚友会館ビルの竣工・面目を一新した新事務所への移転を機に、尚友倶楽部は、人的物的に内容を充実し、国内的・国際的に公益事業を拡大推進しつつある。

尚友倶楽部は、その公益事業の重要な一部門として貴族院とこれに関連する資料を掘り起こし、調査の上これを公刊することに力を注いでいるが、これは、会員の故水野勝邦氏が提唱し、自ら理事会の付託にこたえて著述刊行した明治・大正・昭和三代にわたる優れた議会政治史（「研究会史」をはじめとする貴族院史全十二冊）に象徴されるその意図を継承するもので、すでに「尚友叢書」の形で、『青票白票』、『品川弥二郎関係文書』、『岡部長景日記』と次々に浩瀚な文書が送り出されている。

尚友倶楽部は、かねて、右の「尚友叢書」の形による厖大な資料の刊行と並行して、ハンディーで親しみ易い形の「尚友ブックレット」（憲政資料シリーズ）の発刊を計画していたが、今回その第一号として、日清戦争講和半年後に当時の第二次伊藤内閣の三大臣（伊藤博文首相・渡辺国武蔵相・榎本武揚農商務相）を訪問したドイツの「フランクフルター・ツァイトゥング」紙の特派記者の「会見記録」を取りあげることとした。この「会見記録」は、会員渡辺武氏が寄贈された渡辺国武子爵関係の文書類のなかに発見されたもので、「フランクフルター・ツァイトゥング」紙の一八九六年三月七日号、三月十日号、三月十五日号に掲載された記事を大蔵省内で大臣供覧のために翻訳したと見られる大蔵省用箋に墨書された珍しい資料である。恐らく今日まで一般の眼に触れたことのない文献であり、読物として極めて面白いのみならず、学問的にも非常に有用なものであると考えられる。

「尚友ブックレット」の創刊は、右のドイツ新聞記者のリポートの例に見られるごとく、これまで日の目を見ずに埋もれてきた資料で、量的には多くなくとも、学問的に価値が高いと考えられるものを次々に掘り起して、近代日本政治史に関心を有する人びとやその研究に携わる人びとの参考に供することを目的とするものである。この「尚友ブックレット」が、今後、所期の役割を果して行けるよう願ってやまない。

【解　題】

社団法人尚友倶楽部
常務理事　阪谷　芳直

一

ここに上梓する「日清講和半年後におけるドイツ新聞記者の日本の三大臣（首相・蔵相・農商務相）訪問記」は、尚友倶楽部が会員渡辺武氏から同氏の祖父に当たる明治期の政治家・渡辺国武子爵の遺した文書の一部の寄贈を受けた際、そのなかに含まれていたもので、日清戦争が終わって半年余り経った時期に日本を訪れたドイツの新聞の特派員が、当時の日本政府の主要三閣僚にインタビューし三回に分けて本国ドイツへ書き送った会見記録の日本語訳である。それは次の三篇から成っている。

（1）三月七日刊「フランクフルト」新聞抄訳（一月二十八日東京通信）
日本の農商務大臣を訪ふ
（2）三月十日刊「フランクフルト」新聞抄訳（一月三十一日東京通信）
日本の首相を訪ふ
（3）三月十五日刊「フランクフルト」新聞抄訳（二月十日東京通信）
日本の大蔵大臣を訪ふ

このドイツ新聞記者が会見した三人の大臣とは、農商務相・榎本武揚、首相・伊藤博文、蔵相・渡辺国武である。これら三篇は、いずれも態々「抄訳」と断ってあるが、実際は「全訳」といってよいものであり、片仮名混じりの文語体による訳文が大蔵省用箋に毛筆で丁寧に記されている。そして、三篇が一綴りの形で渡辺国武蔵相が遺した文書類のなかから発見されたことから推して、これらの会談記録を掲載した「フランクフルト」新聞を入手した大蔵省の大臣秘書官か誰かが、然るべき人間に日本語訳を作らせ、渡辺蔵相の閲覧に供したものがこれである……と見てまず間違いない。その時以来百年間、それは、人の目に触れることなく渡辺家で保管され続けてきたといってよいであろう。

ところで、この会見記録において「フランクフルト」新聞と訳されている新聞の正しい名称は、おそらく"Frankfurter Zeitung"のことであろうが、この新聞は既にないので、私は、その後身と思われる一九四九年創立の"Frankfurter Allgemeine Zeitung"社に照会してみたが、ほぼ百年前に前記の会見記録が"Frankfurter Zeitung"に載っているかという質問には、容易に回答し得ないとみえて要領を得た返事は貰えなかった。同紙は、"Frankfurter Sozietäts-Verlag"にコンタクトするよう示唆してきたので、そこにも照会してみたが、回答は得られなかった。

また、この会見記録には年の記載が無いため、ドイツ人記者の三大臣訪問の行われたのは明治何年かという点が判然としなかったが、それが明治二十九年（一八九六）であることは確実であると思われた。何となれば、ドイツ人記者が会見記録を東京から発信しているのが、それぞれ一月二十八日、一月三十一日、二月十日であることから、会見日はこれら発信日の前日ないし数日前と見られるが、記事の内容に照らせば、大臣訪問は明らかに日清戦争終了後であり、日清戦争後において、首相・伊藤博文、蔵相・渡辺国武、農商務相・榎本武揚の三人が揃って閣内に在った時期は、別表に見るごとく、明治二十八年八月から二十九年八月までであるので、一月と二月に伊藤、渡辺、榎本の三大臣に会ったとすれば、それは明治二十九年（一八九六）しかないということになるからである。

最近になって、尚友倶楽部・調査室研究協力員の三浦裕史氏が古い"Frankfurter

第二次伊藤博文内閣（○留任、★兼任、◆臨時代理、☆臨時兼摂）

年月	日	記事	日	首相	日	蔵相	日	農商務相
明治25・8	8	第二次伊藤内閣成立	8	伊藤 博文	8	渡辺 国武	8	後藤 象二郎
11			28	◆井上 馨				
26・2			6	伊藤 博文				
27・1							22	榎本 武揚
8	1	日本、清国に宣戦布告						
28・3	20	清国講和使節李鴻章馬関着			17	松方 正義		
4	17	清国講和條約成立						
8					17	渡辺 国武		
29・3			31	◆黒田 清隆				
4			1	伊藤 博文				
6			5	◆黒田 清隆				
7			14	伊藤 博文				
8			31	☆黒田 清隆	18	★松方 正義		
9	18	第二次松方内閣成立	18	松方 正義			18	○榎本 武揚
30・3							29	★大隈 重信

Zeitung"を東京大学・社会情報研究所より探しだし、右の会見記録の掲載されている次の三号の写しを私のもとに齎されたので、右の推定は裏書された。

（1）7 März 1896 (Beim japanische Handelsminister)

（2）10 März 1896 (Eine Unterredung mit dem japanische Minister=Präsidenten)

（3）15 März 1896 (Beim japanische Finanzminister)

しかし、"Frankfurter Zeitung"は"von unserem Special=Correspondenten"（本紙特派員発）としか記していないので、残念ながら、記事を送ったドイツ人記者の氏名は如何という点は、不明のままである。

この会見記録は、その興味深い内容に鑑み、新しく創刊する「尚友ブックレット」（憲政資料シリーズ）に最も相応しいと考えて、尚友倶楽部は、これをその第一号に取り上げることに決めた。そこで上梓に当って、私は、邦訳文の片仮名混じりを平仮名混じりに改め、使用文字を統一し（例えば、欧州と欧洲、独逸と独乙をいずれも前者へ）、難しい漢字にルビを附する等の処置を行ったほか、前記三浦裕史氏に必要な補註の作成を、中島悠爾氏夫妻にドイツ語原文との詳細な照合を依頼した。三浦氏は三篇を通じて十六箇所に本文の理解に資する適切な註を施して下さった。

また、中島氏は、原文と訳文を綿密に照合して、詳細な「Frankfurter Zeitungの記事に付いてのメモ」を提示された。このメモは、「榎本武揚農商務相訪問記」と「渡辺国武蔵相訪問記」の二篇がほとんど完全な「全訳」であること、「伊藤博文首相訪問記」には、訳者のミスによるか、または意識的カットによると思われる、それぞれ原文で三十行ばかりの脱落が二箇所あること（その部分の内容の概略を附記）、全篇に亘って幾箇所か些細な訳し漏れがあり、「渡辺国武蔵相訪問記」に一箇所明確な誤訳があること等の指摘をしているものの、「一言で申せば、この『翻訳者』は相当のドイツ語の使い手で、今の私たちから見ますと、少々『訳しすぎ』の傾向もありますが、全体として立派な『訳文』と感服いたしております。」との評価を与えている。この中島氏のメモに基づき、またドイツ語原文にも当って、私自身で幾つか註を作成してそれぞれの箇所に施した。また指摘されている小さな訳し漏れは、〔 〕をもって補った。

かくして、私は、漸くこの第一号のテキストを完成することを得たが、この間、三浦氏、中島氏夫妻の助力の取り付けをはじめとして、三島義温理事、上田和子会員から一方ならぬ高配・協力を頂いたことを感謝したい。

二

第二次伊藤博文内閣のもとで、日本が巨大な隣国たる清国に対して行った戦争は、明治二十七年（一八九四）八月一日の宣戦布告から僅か八ヵ月にして清国に和を請わしめるほどの勝利を収めた。そして二十八年三月に始まった下関における講和会議において、日本の全権（伊藤首相、陸奥外相）は清国全権李鴻章（直隷総督）を相手として折衝に努め、領土の割譲（遼東半島、台湾及び膨湖諸島）と賠償金の支払い（二億両＝邦貨約三億六千万円）その他を認めさせ、早くも四月十七日には講和條約の調印に漕ぎ着けたが、その僅か数日後に、ロシアの主唱の下にフランス、ドイツの三国は、極東永遠の平和の上から日本の遼東半島領有は好ましからずとして、日本に対しその放棄を勧告してきた。いわゆる「三国干渉」がそれである。涙を飲んでこれを受け入れざるを得なかった一弱小国家に過ぎぬ当時の日本は、十年後のロシアとの戦争に向けて「臥新嘗胆」の時代に入ることとなる。

しかしながら、近代国家としての道を踏み出してから最初の本格的対外戦争において、日本が世界の予想を覆して清帝国を瞬く間に降したことは、極東の今後の運命に大きな影響を及ぼすであろう新しい一強国が現れたことを世界に印象づけたことは間違いなかった。ドイツがロシアの誘いに乗って三国干渉に参加したのは、一つにはバルカン半島をめぐって鋭く対立してきたロシアの関心を極東に向けることが好ましいことであり、一つにはロシア、フランスと共同戦線を張ることにより自らを仮想敵国としていると思われる露仏同盟の力を抑えることにあったとされるが、日本の近代国家形成の過程において、あらゆる面で日本がドイツを範とし、それ故にドイツに好意を抱いてきたことを知るドイツとしては、三国干渉が日本政府と日本国民に与えた衝撃が、その後の日独関係にどのように影響を持ってきているかに深い関心を抱かざるを得ないことは、蓋し察するに難しくない。その意味で、フランクフルター・ツァイトゥング紙の特派員が、日清講和と三国干渉から僅か半年余り後に、伊藤内閣の首相、蔵相、農商務相の主要三閣僚に対して長時間のインタビューを試み、広汎な問題についてコメントを求め、日本の政治指導者の本音を引き出そうと努力していることも、理解し得るのである。

このドイツ人記者のリポートである「会見記録」の内容は、古い文語体の訳文であることが現代の読者にとり多少制約となる面があるかも知れないが、特に詳細な解説を必要とするほど難解なものではないであろう。しかし、日清戦争のよってきたる所以と経過などを予め頭に入れておくことは、この「会見記録」の理解に資すること大であると思われる。そこで、その概略を記した拙稿「日清戦争と三国干渉後の政治動向」を、「附録」として、末尾に掲げておくので参照されたい。なお、拙稿の叙述は、専ら岡義武教授の『近代明治日本政治史Ⅰ・Ⅱ』（「岡義武著作集」）第一巻、第二巻所収）に依拠したものであることを付言したい。

日清講和半年後におけるドイツ新聞記者の日本の三大臣訪問記

榎本武揚農商務相訪問記

〔一八九六年＝明治二十九年〕三月七日刊行
「フランクフルト」新聞抄訳（一月二十八日東京通信）

日本の農商務大臣を訪ふ

或る日の午前なりき、人力車は旅館に在りたる余の身を何時しか日本農商務省の前に転じ置けり。余は恰《あたか》も旅行中に在って一、二週間を睡眠の間に経過したるの心地にて、寂寥たる四面の光景と異色の人間とを除きて唯《た》ゞ《だ》該省の建物のみを視るときは、身は既に米都華盛頓《ワシントン》に在るが如し。聞く、此の建物は元《も》と日本の専売品陳列所に充つる為めに建て、其の構造は華盛頓《ワシントン》の有名なる専売品陳列所を摸したるものにして、只《ただ》両国人口の差異に由って少しく規模を縮小したるのみ。而して専売品を入るる建物丈《だ》けは、日本人の特有なる摸写力を以って完備したれども、然れども此の建物に容るべき専売品の生産に至っては、摸写力の能くする所に非《あら》ず。夫《そ》れ専売品陳列所なるものは、発明力の生産物ありて始めて其の実あるものなり。日本人は其の発明力の生産物を容るべき建物を有すれども、然れども其の生産物は出で来らざりしなり。而して其の出で来らざりしは、日本の人口比較的寡少なるの致す所に非《あら》ず。厭世家〔悲観主義者〕より之《これ》を言へば、日本人の全く発明力を欠くの故にして、楽世家〔楽観主義者〕より之《これ》を言へば、当時日本人の未だ発明力を有せざりしが為めなり。其れ然り。巍々たる建物は空しく路傍に屹立す。勢ひ何物か其の内に収めざるべからざるなり。而して遂に発明力の生産品に代ふるに農商務省を以ってして、之《これ》を其の建物内に置けり。此の農商務省も亦《また》日本人の発明したる制度に非《あら》ず。外国が多年其の必要を実験して創建したる制度の一なり。

突然日本の一省に入って大臣に面会を求めたる欧洲《ヨーロッパ》の一訪問者の為め、省中先づ一の混雑を生ぜり。門の両側に監守せる門者は、喋々日本語にて余に対し種々の問と注意とを反復せしも、余は終始黙然、彼等をして余の全く日本語に通ぜざるは彼等の語る所一も解せざる旨を日本語にて陳ぶること能はざる程なるを知らしめたれば、彼等は遂に余を秘書官〔原文「英語を解する秘書官」〕早川鉄治氏の許に伴へり。氏は直ちに余を応接室に案内せり。余は大胆にも大臣に面談せんことを告ぐるや、忽ち混雑は始まれり。秘書官は呼鈴を推すと、程なく紺の洋服を着け中学生徒然たる給仕は出で来れり。其れより数人の給仕は代るゝゝ往来し、秘書官との間に長く日本語の問答あり。此《ここ》に於いて余は各使者の齎《もた》らす所の報知を英語にて聞くことを得たり。其の報知は、各ゝ僅《わずか》に五分時〔五分間〕を隔てて相異なれり。第一の使者の報知は曰く、大臣は今日登省せず、自邸より直ちに議院に行くを以って、面談し能はざるを憾《うら》むと。余は捷路を取り直入して曰く、議会に於いて面談せんと。第二の使者は行けり。来り報じて曰く、大臣は直ちに閣議に列せざるを得ざれば、面会し能はざるを遺憾とすと。余曰く、余は閣議の終るを待つことを厭はずと。第三の使者は行けり。而して来り報じて曰く、今日大臣は全日自邸に在るも、用繁なるを以って接客の暇なきを憾《うら》むと。余尚ほ屈せずして曰く、直ちに大臣の居邸に至らんと。第四の使者は行けり。少しくありて佳報を齎《もた》らせり。曰く、大臣は今方《まさ》に出省せられたり。然れども唯《ただ》ゝ一、二分間の暇を有せらるるのみにて、僅《わずか》に一面の挨拶を為さるるに過ぎずと。茲《ここ》を以って余は以為《おもへ》らく、余の遠く日本に来りしは、單に一人の貴紳に手を握らしむる為めに外ならざるが如く誤解せられたるや、論を俟《ま》たず、一人の大臣をして「今日は」の一語を言はしむるも何の益か之《これ》あらんと。乃《すなわ》ち余は秘書官と共《とも》に身を起して容儀を正し、大臣の入り来るを待てり。

一、二分を過ぎ、入り来りし者は、第五の使者に非《あら》ずして、大臣子爵榎本武揚(1)其の人なり。子は年齢六十と覚《おぼ》しく、躯幹小にして頭髪髭髯共《とも》に灰色を帯び、顔面は黄青にして遍《あまね》く皺《しわ》を生じ、目は小にして眦尾鉤懸せり。其の襦袢《シャツ》の胸釦《ボタン》に琺瑯質を以って鏤《ちりば》めたる徳川家の有名なる徽章〔三葉葵の紋章か?〕燦然《さんぜん》として輝けり。抑ゝ《そもそも》子は歴史的過去の人物なり。其の胸釦《ボタン》に掲げたる徳川家の徽章は、彼をして常に同一の地位を保たしめず。子は本《も》と徳川末代の重臣にして、日本革命〔明治維新〕の当時、皇室及び革新の盛事に反抗し、其の反抗の頑固なるは他人の及ぶ所に非《あら》ず。将軍及び其の諸藩悉《ことごと》く降伏せるも、子は独り屈せず、塁を函館に築き、独立的共和政府の旗を掲げ、以って飽くまで官軍に抵抗を試みたるも、遂に勢窮し力尽き、千八百六十九年〔明治二年〕六月二十七日を以って轅門に降れり。子は有罪と認められ幽囚の辱を受けたるも、新制度の稍ゝ《やや》緒に就くに及び、朝廷は特に寛典を以って子を獄中より登庸せり。然れども、子は爾来唯ゝ《ただ》一の大臣が職を去り、未だ他の適任者の出でざる間に於いて、姑《しばら》く其の闕〔欠〕を補ふべき必要の器具と為りしのみ。然らば、農商務大臣の如きも子は決して永く之《これ》を保つものに非《あら》ざるは知る可きなり。而して子の現職に在るや、近世的且つ進歩的方針を執るは毫《ごう》も他の大臣に異ならずと雖《いへど》も、然れども彼が胸間には徳川の徽章（無論末代の将軍の贈物なるべし）猶《な》ほ依然として輝き、且つ彼れ自身は徳川末路史の代表者なり。凡《およ》そ人間は、自ら以って人に誇るに足るべき唯一の歴史を有し、現在に将来に其の歴史に依って世に処せざるべからず。然れども榎本子に於いては、専ら唯一の歴史に依って世に処することを得ず。即ち現在の地位を保たんには、彊《つと》めて其の胸間に輝ける徳川の三葉徽章〔葵〕を皇章の十葉〔原文「十六葉」〕徽章〔菊〕と調和せしめざるを得ざるなり。

（1）一八三六年〔天保七年〕幕府勘定役の次男として生まれた。オランダ留学の後、一八六八年〔慶応四年〕海軍副総裁となり、北海道五稜郭に拠って新政府軍に抗したが、翌年〔明治二年〕降伏し下獄した。一八七二年〔明治五年〕赦免されて新政府に出仕、以後、海軍卿及び通信、農商務、文部、外務の各大臣を歴任した。一八八七年〔明治二十年〕、子爵を授けられ、一九〇八年〔明治四十一年〕没。

先づ談話は異状を呈したる日本経済上の現況に向へり。今や日本は戦後起業熱の徴候を現はし、日として新製造所及び其の他の経済的事業の創設に関する報道を耳にせざるはなし。余は此《こ》の点に関し大臣の意見を尋ねしに、大臣は曰く、此《こ》の情況は大に独佛戦争後の独逸国《ドイツ》に於ける経済上勃興の有様に類す。而して独逸国《ドイツ》は其の結果として遂に一大激変を免れざりしなり。(2)故に我が政府は独逸国《ドイツ》を殷鑑と為し、鋭意其の轍を履《ふ》まざらんことを力《つと》む。余は已《すで》に六ヶ月前、即ち戦後幾《いくば》くもなく、部下の官庁に訓諭を下だし、且つ之《これ》に委するに、新会社の設立に関しては発起人の信用の有無を厳重に調査し、相当の信用を具せざるときは願書を却下するの事を以ってせり。然れども、起業熱甚だ熾《さか》んなるを以って、何如に之《これ》を厳制するも実際将来の危険を免れ得べきや否やの疑念なきに非《あら》ず。此《ここ》を以って政府は一日も之《これ》が予防の策を懈《おこた》ることなきなり、と。話頭は職工問題に転ぜり。大臣曰く、政府は此《こ》の問題に関しても独逸国《ドイツ》及び其の他諸国の前例(3)を研究せり。余の確信する所を以ってすれば、我が日本に在っても、其の工業発達の結果に因って職工を保護する法律の必要を見るの時期に遭遇すべしと。

(2)「大不況」のことか。ドイツは、一八七一年、独仏(普仏)戦争に勝利してフランスから賠償金五十億フランとアルザスロレーヌ地方の鉄鉱資源を獲得すると、異常な好況期を迎え、会社設立ブームが起った。しかし、一八七三年、この反動とアメリカの不況によって株価が暴落し、ドイツは、以後一八九五年頃までの約二十年間、「大不況」と呼ばれる低迷期を経験した。

（3）プロイセンは一八三九年、九歳以下の就労を禁じ、十六歳以下の少年工の労働時間を十時間以内に制限した。一八五三年の営業条例は、禁止年齢を十二歳に引き上げて少年工の労働時間を六時間以内とし、一八六九年、衛生に関する規定を設けた。尚、一八八三年にはビスマルクの「アメとムチ」の一環として、疾病保険法が制定され、労働者保護政策が進められた。

大臣又曰く、新条約の実施は（4）、即ち我が経済社会の為め重大の関係ある時期なり。而して条約に定めたる関税増額は何如なる結果を来すべきやは、今日に在って予言すること能はざるなり。政府は自由貿易主義にも偏せず、保護貿易主義にも倚《よ》らず、唯〻《ただ》或る少許《すこしばかり》の保護税に依り原料の輸入を容易ならしめ、贅沢品の輸入を難からしむるあらんのみ。而して農業家の反対を見るは無論にして、政府の覚悟する所なり。日本は現に独逸《ドイツ》国が已《すで》に経歴したる所と同一の発達を為し、農業国より工業国に移るならん。日本が一の工業国たるの性格を禀有するは、余の毫《ごう》も疑はざる所なり。其の島国たる位置は輸出入に便なるべく、其の石炭に富めるは蒸気力の使用を廉価ならしむべく、其の水力に富めるは貴重なる電気力の使用を低価ならしむべし。此《これ》等は一として日本工業の将来をトすべき要件に非《あら》ざるはなし。加ふるに、労銀の低下なるは、其の最も重要なる要件にして、即ち日本職工一人の労銀は米国職工一人の労銀の六分の一、若しくは七分の一に過ぎず。現に濠洲《オーストラリア》商人の如きは、我が国の低下なる労銀を利用するの新工夫を考案し、原料、例へば綿花を濠洲《オーストラリア》より持ち来り綿布を製造して復《ま》た濠洲《オーストラリア》に輸送せんと企図せり。而して日本製品第一の顧客は、早晩濠洲《オーストラリア》と米国とに帰せん。或る点に於いては墨国《メキシコ》亦《また》我が国最良の得意たらん。航路の拡張も亦《また》日本の外国貿易を進むる一手段にして、今や日本は内国沿岸の航路より諸隣邦及び濠洲《オーストラリア》方面に於ける航路を拡張せんとす。現に、日本郵船会社が新に欧洲《ヨーロッパ》及び濠洲《オーストラリア》の航路を開きたるは、其の第一着手とす。又数年来大阪に成立せる商品陳列所の外、政府は更に東京にも設けんとして、其の材料たる内外の産物は、半《なかば》は已《すで》に蒐集中なり。而して議会に於いて必要の費用を承諾せば、当農商務省の建物を以って之《これ》に充て直ちに開くべき心算なり、と。

（4）一八九四年〔明治二十七年〕七月、日本は、日英通商航海条約に調印し、外国領事の裁判権を撤廃して法権を回復した。しかし、関税協定制は存続し、税権回復を伴う条約改正の完全達成は、一九一一年〔明治四十四年〕の日米通商航海条約改定まで持ち越された。

大臣は、余に秘書官の案内を以って材料物品を縦覧（余は後に之《これ》を縦覧せり）せんことを望まれ、特に、其の中日本が始めての製造に係る長さ一「メーテル《ママ》」の鋼條に対し余の注意を促がされたり。此《これ》は去夏大臣が特別の監督の下に満足なる結果を以って試製せしものなりと言ふ。今や日本政府は一大製鉄所(5)の設置を企図し、其の経費として四百万円を次年度予算に編入し、又同事業の為め来夏期を以って二名の技師と一名の事務官より成る研究委員を英米独の諸国に派遣するの計画なり。而して外に二名の外国技師を雇聘《こへい》する予定なるが、大臣の語気を以って之《これ》を察すれば、職務に熱心なると俸給廉なるとに因り、独逸《ドイツ》国の技師に望を属《ママ》するものの如し（日本一ヶ年の鉄の需《ママ》用高は十万砘なり。而して新設の製鉄所に於いて製すべき高は、最初は年々二万砘の見込にて、数年を期して五万砘に至らしめ、而して需用総高の半額を外国に仰がんとするに在り。但し、其の間に生じ得べき需用の増加の如きは、措いて問はざるなり。）

（5）一九〇一年（明治三十四年）始業の農商務省製鉄所、通称「八幡製鉄所」のこと。日清交戦中の一八九五年（明治二十八年）二月、衆議院（第八議会）は軍備充実の必要性を認識し、製鉄所設立建議案を可決していた。これを承け、一八九六年（明治二十九年）三月、製鉄所設立の予算案（年四百九万円）が第九議会を通過し、翌年二月には福岡県遠賀郡八幡村が建設地に選定された。

大臣は、其の説明を終はる頃、頻《しきり》に室の入口に向って睨視せしが、間もなく入口の戸は開かれたり。一人の使者大なる木製の箱を齎《もたら》し来れり。大臣は始めて安心の眉を開き、余に告ぐるに箱中の書類に記名せざるべからざる旨を以ってせり。余謂へらく、直ちに余の目前にて記名し復《ま》た談話を継続せらるるならんと。何ぞ図らん、大臣は直ちに座を起ち余の再来を希望して別れを告げられたり。而して箱は開かず、其のまま室外に持ち去られ、談話は茲《ここ》に於いて終局を告げたり。思ふに、此の箱は大臣が余を謝絶する所以《ゆえん》の戯劇にして予め計画せられしならん。嗚呼、此《こ》れ礼儀ある日本人が客に対し当面謝絶せざるが為に行ふ所の待遇ならん乎。昔徳川時代に在っては、欧人の訪問は容易の事に非《あら》ざりしは論を俟《ま》たず。而かも徳川家の旧臣にして今や其の身を処する困難なる地位に在って、欧人の訪問に応じたるが如きは、欧人に対する非常の譲与なりと謂はざるべからず。故に余は聊《いささ》か謝意なき能はざるなり。

当初大臣は、單に面会のみを許されながら、余は遂に談話を試むるを得たり。此《こ》れ素《もと》より、余の望む所にして、毫《ごう》も不愉快を感ぜざるは勿論なれども、聊《いささ》か奇怪の感なき能はざれば、或る欧洲《ヨーロッパ》流の日本人に其の由を告げたり。彼れ余に説明を与へて曰く、大臣が單に面会のみを諾せられしは、日本人としては毫《ごう》も怪しむに足らず。日本人は單に面会のみと言ふも、一通りの挨拶を陳ぶるに相応の長時間を要するなり。故に大臣が兄の為めに費したる時間は、唯〻《ただ》初め約されたる如く、寒暄《けん》〔暖〕の挨拶のみなる面会時間としては頗《すこぶ》る長きが如きも、訪問者との談話に要する時間として甚だ短し。日本には決して兄が思はるる如き短時間の面会はあらざるなりと。

伊藤博文首相訪問記

〔一八九六年＝明治二十九年〕三月十日刊行
「フランクフルト」新聞抄訳（一月三十一日東京通信）

日本の首相を訪ふ

人力車は轣然として鉄造の門に入る。右側には、黄色の釦鈕を附けたる黒地の官服を着け、黄色の匾條ある帽を戴ける身幹短小なる一人の巡査の立つあり、余に敬礼を施し、左側には、褪色したる洋服を着せる二人（問はずして祕密巡査〔刑事〕なるを知る）の立つありて、其の熱心なる視線は頻《しき》りに余が面貌に注げり。此処《ここ》は是れ日本の首相伊藤博文侯官舎の玄関前なり。官舎は平屋作りにして正面の玄関に硝子《ガラス》戸の入口あり。舎内に入れば、右方には首相の私用に供せらるる多くの便室あり。藍色の洋服を着けたる年少の家僕は、身を卑くして鄭重に余を迎へ、左方に設けたる応接室に案内したり。室内は二個の広間に分れ、悉皆洋風に構造装飾せり。椅子の夥多なる、実に驚くべく、恰も欧洲家具を列する店舗の如し。第一室に於いては二、三の余地を存し、猶《な》ほ能く第二室に通行するを得べきも、第二室に至っては、満室種々雑多なる形の蒲団附椅子を排列して殆《ほと》んど通行の余地なし。広きもの、高きもの、低きもの、肘懸あるもの、肘懸なきもの及び圓形聯続椅子《ドスアドススツール》其の他、総べての椅子は丁寧に麻布を以って覆はれたり。余は此の室に在って主人の来接を待つこと稍〻《やや》久しく、椅子の夥多なるを貪看しつつ思考すらく、若し伊藤侯が其の貯蔵に富める椅子の一個を記念的に余に供せられんとするときは、余は何れの椅子を撰定すべきやと。方《まさ》に座を起ちて注視するの際、突然次室の戸を開く音あり。余は倉皇座に復するや、赤色の垂帷の間より余が待つ所の人は直ちに出で来れり。躯幹矮小にして脚短く、肉痩せたるの人にて、服装は田舎教員が日曜の靚装《せいそう》を為したるに彷彿たり。

伊藤侯の履歴は、殆《ほと》んど千八百六十七年〔慶応三年〕以降に於ける日本近代の全歴史にして、二者一にして二ならず。而して日清戦争起るに及び、終始内政外交の局に当り、特別の功績あるに因り、近時侯爵に進められ且つ大勲位を授けられたり。侯は年齢五十歳と覚しく、頭髪の発育微弱にして甚だ疎鬆なる為めにや、額顱《がくろ》は隆きを覚ゆ。其の疎鬆なる黒髪をば左鬢よりして右に梳《くしけず》り分け、巧に安排《あんばい》したり。顔の皮膚は粗にして、額は三條の水平なる皺紋を攅生し、更に一皺紋の将に生ぜんとするものを見る。鼻は短平広濶にして反張し、口は尋常にして疎鬆なる髭髯は処々に灰色の斑点を帯べり。侯は室に来り余を見るや、唯ゝ《ただ》点頭黙礼したるのみにて何の語を交へず。斯くて主客互に煖炉の前なる肘懸椅子に坐せしが、少《すこし》くありて、一人の家僕は主客両人の為め二盞の茶を持ち来り、座側の小卓の上に置きて去れり。家僕去るの後は、室内唯ゝ《ただ》主と客とあるのみ。余は乃《すなわ》ち口を開きて第一の問を設けしに、侯は金蒔絵の小箱より葉巻烟草一個を取り余に与へ、自身亦《また》其の一個を取りて火を点じ、瞳子の烱々として眦尾の鉤懸したる小なる眼を閉ぢ（侯は此の後余の問を設くる毎に斯くの如くす）、吻頭烟草を銜《ふく》み、少しく他を顧み、聊《いささ》か考ふる所あるが如し。一、二秒を経るや眼を開き、烟草を口より取り静かに烟を吹き出し、英語を操って語られたり。語調頗《すこぶ》る流暢にして澁滞せざるも、唯ゞ《ただ》其の発音は始終一調子にして少しも抑揚なし。又言語の偶ゝ《たまたま》困難なることあれば、細き指を揺がして其の足らざるを助け、頻《しき》りに髭を、或ひは右或ひは左に掻き分けたり。凡《およ》そ政治家は他人の訪問を受くるや自ら亦《また》問を設くるを常とするが故に、談話は自然に思想交換の好感情を見《あら》はすものなりと雖も、伊藤侯に在っては、曽《か》つて自ら問を設けず。故に吾人《われわれ》は相対坐すること二時間の長きに渉《わた》るも、恰も二個の各別なる機械の相対立するが如し。即ち一は單に問の為めに設けられ、一は單に答の為めに設けられたる二種の機械に異ならず。若《も》し余にして談話を止めざらんには、吾人《われわれ》は猶《な》ほ永く斯くの如くに対坐せしならん。此《ここ》に於いて余は思へり、伊藤侯は余を以って世の新聞記者の輩が特に大臣の懐抱を試みんとして訪問するものに比せられ、故《ことさ》らに前記の位置を固執せられたるに非ざるなきかと。是を以って吾人《われわれ》の談話は、恰も或る一定の語を口にせざるを以って要件と為し、若《も》し誤って之を口にする者は罰として十「ペンニッヒ」の銭を払ふが如き、彼の所謂《いわゆる》「フェルスタンツスピール」（遊戯の名）に異ならざりしなり。余は信ず、伊藤侯は、談話中、語脚〔言葉尻〕を捕へられ、若《も》しくは誘導せられて或る一定の事を口外するが如きことなからんと極めて注意し、大いに言語を謹しみたるが如し。此の或る一定の事とは何如なる事を謂ふ乎。今日日本の各愛国家が心中に包藏して堅く口外を戒むる所のものなる乎。余も亦《また》今之を口外して十「ペンニッヒ」を払ふを欲せず。直ちに談話のままを報道するを以って余の任と為し、而して下條記述する所を読みて何如なる事を発見するやは全く読者の任意とす。

余は先づ首相に問ふに、独逸国の日本に対する彼の措置に就いて(1)、何如に思惟せらるるかを以ってせり。侯答へて曰く、事不意に出でたるを以って、吾人《われわれ》は驚愕したり、而して此の変局の原因は余之を知らずと。次に余は独逸国に対する日本の感情は、為めに変ずることなかりしやを問へり。侯は此に対し直接の答を為さず、即ち曰く、吾人《われわれ》の独逸国より得たる利益は吾人《われわれ》の曽《か》つて遺《わす》るる能はざる所なり。軍事上に在っては吾人《われわれ》の独逸国より学べるもの特に多し。政治及び政治上の学術に至りても亦《また》独逸国に謝すべきもの一にして足らず。自分も三十二年前徳川政府の時に当り、曽《か》つて独逸国に滞留し(2)、政治上の知識を得たること僅少ならず。爾余の学術及び技芸に至りても、吾人《われわれ》は多く独逸国より学び得たるなり。独逸国に在っても亦《また》数十年来吾人《われわれ》に対して常に友誼を尽せり。吾人亦《われわれまた》常に感佩して遺《わす》れざるなりと。茲《ここ》に於いて余は謂って曰く、閣下の言を以って見るときは、彼の独逸国措置を是認するに非ずして、寧ろ之を寛恕するものの如しと。

(1) 不明。(3) に同じく、三国干渉を指しているのか。

(2) 維新前の伊藤は渡英した経験を持つが、彼がドイツに滞在していたかどうかは不明。一八七一年〔明治四年〕岩倉使節団の一員として、また一八八二年〔明治十五年〕憲法調査のため、ドイツに赴いたことは知られている。

侯は別に一言を発せざるを以って、余は直ちに重要問題たる遼東事件(3)に話頭を転ぜり。曰く、世人は該件に断案を下して、独逸国が和議条約に先だち日本に遼東収容の不可なるを勧告したるも、日本は之を聴かず、遂に其の還付を強ひらるるの不幸を見るに至れるは、不得止《やむをえざる》の結果なりと言へり。此の断案果して正当なるや否やと。侯は先づ「余は何れの国をも中傷するを欲せざるなり」(侯は別れに臨みて此の語を反復せり)との前提を置きて、然る後ち答を為せり。曰く、独逸国が吾人《われわれ》に戦勝の利を過度に行使すべからざることを(昨年一月と覚ゆ)忠告したるは信なり。斯くの如き忠告を与へたる者は独り独逸国に止まらず。当時爾余の諸国にして吾人《われわれ》を戒めたる者亦《また》尠《すくな》しとせず。而して独逸国の吾人《われわれ》に与へたる忠告は不明瞭にして、遼東に関しては一言の及ぶ所なかりしなり。其の遼東の収容すべからざることを忠告せられたるは、和議条約の既に調印を終へたる後なりしなり。余が李鴻章と下ノ関条約を協定したるは四月十七日にして、其の明らかに遼東に関して忠告を受けしは調印の日より七日後、即ち同月二十四日なりしなりと。余は尚《な》ほ問へり、李伯は、閣下と談判の際、既に「遼東を貴国に割譲せずと言ふ露国の保証」を懐にせりと言ふ者あり、果して何如《いかん》と。侯答へて曰く、此れ全く虚説なり。昨年十二月頃〔原文「昨年一、二月頃」〕清国の使臣は露帝の即位を祝する為め之に見《まみ》えしとき、清国の為め其の干渉を請ひしも、当時露帝は、其の必要止むべからざるの時機に至って始めて之を為さんと言へり。以って和議條約談判の当時に於いては、未だ露清の既約あらざるを知るに足るなりと。余又問へり、日本は台湾の領有にて既に十分なるが如し、而して特に其の遼東を領するに重きを置きしは何如《いかん》と。侯曰く、余は歴史上の説明を以って答弁に代へざるを得ずと。而して侯は二十年来の朝鮮事件の沿革を説き、清国に対する朝鮮の独立は、始終日本の唯一の要求たりしことを陳べられ、尚《な》ほ語を続けて大凡《おおよそ》此の数個の問答の後ち、話頭は再び遼東問題に復し、侯は、下ノ関和議條約の締結に関し説いて曰く、朝鮮の独立を維持する為め、吾人《われわれ》は遼東の所有を必要欠く可からずと信じたり、然れども今や諸外国が自ら朝鮮の独立を保護せんとするに至りたれば、遼東は吾人《われわれ》に対し最早昔日の如く必要あらず。和議條約締結の際に在っても吾人《われわれ》の特権を期するが如きはその目的に非ず。此の点に於いては欧洲諸国は吾人《われわれ》の真意を誤解せり。吾人《われわれ》は特に日本の利益のみを目的とせざることは、條約に於いても明らかに記する所にして、例へば、商業上の事項にして欧洲諸国の従来之を希望し、而して断乎たる決心を示さざるが為めに、毎《つね》に支那に拒絶せられたりしものの如きは、吾人《われわれ》之を断行せしめたり。即ち商業に工業に外国人の事業に対して新に許容を与へしめ、並に各地方有利の区を撰み新に港場を開かしめたり。此れ豈《あ》に独り日本の利益を期したるものならんや。凡《およ》そ吾人《われわれ》が得たる此《これ》等の便益は、最恵国條款に拠り、凡《すべ》ての條約国も同等に許容せらるるものなることは、條約締結の際已《すで》に業《すで》に吾人《われわれ》の了知せる所にして、決して斯くの如き特典を独占し得べきものと信ぜざりしなり。日本は支那に工業を創立するの資本力を有せず。吾人《われわれ》が日本に有する所のものは、唯《ただ》ゝ日本に於いて使用し且つ之を消費するに在るのみ。故に條約を以って吾人《われわれ》の得たる商業上及び工業上の便益は、寧ろ吾人《われわれ》よりも他の諸国に帰するものの如し。而して遼東を得んとするもの亦《また》独り吾人《われわれ》自己の利益に出でたるに非ざるや、知るべきなり、と。

（3）三国干渉のこと。ドイツは、ロシアの領土的野心をヨーロッパからアジアに移す目的で干渉に参加した。日清交渉中の一八九五年〔明治二十八年〕三月、清国全権李鴻章の依頼を受けたドイツは、日本の領土獲得は列強の干渉を招く旨日本に対して警告した。四月、下関條約が締結されて日本の遼東半島獲得が決定すると、ロシア、ドイツ、フランスの三国は、この領有が朝鮮の独立を危うくするとの理由で、半島還付を要求した。日本はこれに屈し、他国への不割譲宣言と五千万両の償金を條件として清国と交渉した。しかし、ロシアの再干渉に遭い、三千万両の償金のみで還付することになった。

（4）ニコライ二世。大津事件で遭難した皇太子アレクサンドビッチ。一八九四年に即位し、一九一八年、革命のため処刑される。

（5）一八七六年〔明治九年〕、日本は江華島事件を機に朝鮮を開国させ、不平等條約を強いた。そして、対朝鮮進出を容易にするため、朝鮮を清の支配から分離することを企図し、日清戦争の勝利によって朝鮮「独立」を獲得した。しかし戦後の一八九五年〔明治二十八年〕十月、日本は閔妃事件を引き起こして、朝鮮における勢力を低下させ、ロシアやアメリカの対朝進出を招いていた。

（6）「尚ほ語を続けて大凡此の数個の問答の後ち」とある個所は、原文では三十行に亘るもので、これが欠落しているのは、或いは訳者が意識的にカットしたとも考えられる。欠落部分の最初の部分は、伊藤首相が約十年前に北京に行き朝鮮〔大韓帝国〕の独立を確保する條約を締結した際のいきさつを述べたものである。次の部分は、戦後の王妃〔閔妃〕暗殺に日本が関与したこと〔明治二十八年十月八日、日本軍隊及び壮士が大院君を擁してクーデター、閔妃を殺害した〕と、朝鮮の独立とは、どういう関連を有するか……という記者の問いに対する伊藤首相の答えである。伊藤首相が王妃は反対派の頭目であったと説明したのに対し、記者は、朝鮮の独立を渇望すれば、相手国内の派閥闘争に干渉するのかと質問した。伊藤首相は、日本政府は関与していないし、三浦将軍〔三浦梧楼、明治二十八年八月韓国駐在公使となる〕は、ある派を支援すべしとの日本政府の決定など得ていない、さもなくば彼を軍法会議にかけることなど出来なかった〔三浦公使は十月十七日召還、二十六日京城事変容疑で拘引され、免官、入獄〕と答える。さらに伊藤首相は、日本が朝鮮の国内問題に干渉することを欲しない一番よい証拠がある、それは先般朝鮮政府から国内の騒擾鎮圧に力を貸してくれと要請して来たが、干渉は望まないからこれを拒否したことだ……と述べた。

話題は遼東償金三千万両《テール》の件に及べり。余曰く、余北京に在りし時、左の如き風説を聞けり。支那が此の償金を払ふに至りたるは全く独逸国の罪にして、其の周旋なくんば、清国は無代価を以って遼東を得たりと、且つ李伯自身も一時斯く信じたりと。侯大笑して曰く、虚も亦《また》甚だしと謂ふべし。遼東は実に一億両《テール》以上の価額〔価値〕あり。而して此の額は吾人《われわれ》固より要求するを得ると雖も、之を履行することは難し。履行し難きことは初より約せざるに若かず。清国は該額を払ふの力なきが故に、吾人《われわれ》は初より少許《すこしばかり》の償金を以って満足せんと欲せしなり。故に三国より遼東の償金額を問はるるに及び、吾人《われわれ》は五千万両《テール》を以って答へたり。而して三国は三千万両《テール》に軽減せんことを希望せしに依り、吾人《われわれ》は異議なく之を承諾したるなり、と。余は問ふ、然らば閣下は遼東還付の時清国に於いて一億両《テール》を払ふの力なきを知らば、初め下ノ関條約談判の際何が故に三億両《テール》の巨額を要求せられしや。侯答へて曰く、李伯の請に依り直ちに二億両《テール》に減じたり、と。

総理が議会操縦の難点たる遼東問題は、一時吾人《われわれ》の話頭を離れたれば、余は問ふに日本の外交関係の情況を以ってせり（外務大臣陸奥伯は月余病床に在り）。侯答へて曰く、独逸国に対する関係親密なりと。且つ左の如く付言せられたり。東洋に於いては、独逸国は單に商業上の利害を有し、毫《ごう》も土地に係る利害を有せず。而して其の商業上の利害は相互に條約を以って完全なる協定を得べし。土地に係る利害にして問題と為るが如きは全く例外の場合なり、と。

余曰く、余の屢々《しばしば》見聞する所に依れば、亜細亜《アジア》は亜細亜《アジア》人を以って処すべしとは日本の格言なるが如し、何如《いかん》と。侯は稍々《やや》尊大の容を為して曰く、此れ真に青年輩の意見に過ぎず。国務の上に勢力ある者の言に非ざるなり。何を指して亜細亜《アジア》と謂ふ乎。試みに清国を見られよ。南は仏領東京《トンキン》及び安南《アンナン》に境し、西は英領緬甸《ビルマ》に接し、北には露国の在る有り。清国は諸政の中心を欠ける一の巨大国なり。即ち政治に中心なく、軍事に中心なく、財政にも亦《また》中心なし。而して将来革新の途に就かんとし、若《も》しくは就き得べき望は、更に之あらず、余十年以前李伯と会せしとき、切に改革の事を勧告したるも、今日に至って猶《な》ほ何等の改革を見ず。清国は到底改進の気力なき者と謂はざるを得ず。彼が状態已《すで》に斯くの如し。然らば則ち亜細亜《アジア》と謂ひ、又亜細亜《アジア》人と謂ふの価値何処に在る乎、と。

余は尚《な》ほ明瞭の説明を得んと欲し、再び清国に関する侯の意見を問ひしに、其の意見は前と同じく亦《また》酷なり。曰く、余は清国改革の望を絶てり、縦《も》し欧洲の一国にして清国の政治を引受くるも、改革の望なし。蓋《けだ》し清国は版図広大にして永く之を統一維持すべからざればなり、と。茲《ここ》に於いて余は問へり。日本は、孤立政略若《も》くは欧洲の一国（余は仮りに独逸国を指定せり）との同盟政略に出づるを得べし。何如《いかん》と。侯は少しく不明瞭なる答弁を為せり。曰く、同盟は従来の地位何如に依るべく、且つ共同の利害を要件となすものなり。吾人《われわれ》は欧洲諸国政略の何如を詳にせず。且つ吾人《われわれ》は欧洲活劇の現場を距《へだ》たる万里の遠きに在るが故に、明らかに其の実況を断定するに由なし。吾人《われわれ》は平和の裏に栖息し、自国の力を開発するの外他念あることなし、と。余問ふ、外交政略に関する国民の意見は何如《いかん》。侯曰く、我が国民は外交政略に就いては大いに幼稚なり、と。余問ふ、世の風評に依れば、日露の戰爭は早晩免るべからずして、日本は其の準備を為すと、信〔真〕か。侯曰く、余は両国利害の衝突するものあるを見ずと。余問ふ、清国分割は何如《いかん》。侯微笑して曰く、此れ一場の夢のみ、将来に就いて一定の思想を画するは、往々政治家の不利となるものなり。何となれば、常に該思想に左右せらるるの危険に陥り易ければなり。凡《およ》そ事の関係は、之を未発に制するは難し。自然の発達を待って然る後之を処するの勝れるに若かざるもの、往々之ありと。

話頭は、未来の考察を離れて事実問題に復せり。余曰く、目下議会に於いて討議中の海軍拡張案に対し、反対党の意向は提出案より尚ほ一層の拡張を希望するものの如し、と。侯曰く、余も亦《また》此の意見なり。我が国は四境を環《めぐ》りて皆海なり。強大なる陸軍は、独り、或る場合、例へば外国の土地に於いて戦争を試むるが如き場合に限り、実用を為すに過ぎず。故に吾人《われわれ》は強大なる海軍を有せざるべからず、と。余は、然らば政府が反対党の意見を容れざるは何如《いかん》と問ひしに、侯答へて曰く、台湾及び北部地方警備の為め陸軍を拡張すべき焦眉の急あり。而して同時に海軍の拡張を要するも、何如せん経費の点に於いて両者一挙の実行を許さず。故に何れか一方を節約せざるを得ず。但〻目下陸軍拡張の急務なるを認めたるを以って、吾人《われわれ》は遂に海軍拡張の費を節するに決したるなり、と。余問ふ、軍艦の注文先は已《すで》に決定せられしや、と。侯曰く、未だし。独、佛、伊等（余茲《ここ》に於いて英国よりは何如《いかん》と問ひしに、侯は否と答へたり）より相競ふて注文を受けんことを申請せしも、吾人《われわれ》は未だ何れの地に於いて製造すべきかを決定せず。之を決定するは海軍省の適宜に属す。但し吾人《われわれ》は、世人の予期したる程多数の軍艦を製造せざることは、今日に於いて断言し得る所なり、と。

（7）立憲改進党や大手倶楽部などの対外硬派のことか。対外硬派は外交失策の挽回と軍備拡張を主張し、自由党や国民協会もこれに同調していた。しかし第二次伊藤内閣（明治二十五年八月――二十九年九月）は自由党との提携、国民協会からの協力獲得に成功し、予算案を成立させた。

余以為《おもへ》らく、侯は唯〻《ただ》現時の首相たるに止まらず日本開進の元勲なり。一国を文明に導き又は之を欧化せしめたるの点に於いては、他〔の〕日本人中、侯の右に出づる者はあらざるべし。故に、此の点に関し侯の説を聴くは大いに興あらん、と。乃《すなわ》ち先づ侯に告げ〔て〕曰く、永く日本に住したる欧人の説を聞くに、最近十年に在って日本は欧化主義に対し反動の情況を呈し、今や洋服を着け洋食を喫する者、昔日に比し大いに其の数を減じたるものの如しと。次に侯に問ふに、日本は一長足に欧化したるを以って、其の反動として今や少しく進歩の歩武を緩めたるに非ざるなきやを以ってせり。侯は大笑し、大声に「否」と叫び、曰く、斯かる説を為す者は畢竟近眼者流に過ぎず。今日に在って、洋服を着け洋食を喫する輩の減少したるは事実なり。然れども、斯くの如きは固より是れ些〻たる枝葉の事に過ぎずして、其の理由も全く他に在りて存す。夫れ、衣食の如きは文明の事項に非ず、取捨、一に実際の必要に之れ因る。衣服の要は元《も》と身体を保護するを以って主とす。余の洋服を用ゐるは、兄の見らるる如く、余の居が洋風の構造にして、煖炉等の如きものの総べて設置しあればなり。然れども洋風の家屋に住せざる輩は、洋服にては不便を感ずること尠《すくな》からず。我が国風の家屋に住する者は、畳に坐するを以って便利とす。又煖炉の設《もうけ》なければ、洋服にては独り不便なるのみならず寒気に耐へず。故に我が国人にして洋服を着せざるべからずとせば、亦《また》其の家屋の構造を改めざるを得ず。然れども、此れ無益の費用を要するのみならず、多数の者は改造の資金を有せざるなり。食物の点に在っても、亦《また》同一の理由に外ならず。此の両《ふた》つの者は皆経済上の利害に過ぎずして、毫《ごう》も文明進歩の遅速に関係せず。吾人《われわれ》は政体、法律、軍事、商工業等総べて欧洲の文明を採〔り〕(8)、英、米、露、伊の諸国とは新條約已《すで》に成り、独逸及び佛国との新條約も(9)曰ならずして結了を見るべし。爾餘の小国に至りては、格別の異論なく同意すべしと信ず。独逸国との談判は未だ結了せず。然れども、重要の事項は已《すで》に協定を得、未定のものは唯《ただ》〻枝葉の事項のみ。殊に関税率に関し協議中なり、と。余問ふ、何が故に日本人は外国人に土地所有権を与ふるを拒むや。侯答へて曰く、欧洲の資本家が陸続渡来して土地を買収すべしと言ふが如きは、余輩之を恐れざるも、唯《ただ》〻多数人民が此の懸念に支配せらるるを以って、余輩は此《ここ》に顧慮せざるを得ざるなり。此れ外人に土地所有権を許し能はざる唯一の理由なり、と。

(8)「吾人は……総べて欧洲の文明を採り、」と次の「英、米、露、伊の諸国とは新條約已に成り、」との間に、原文では、三十行近い文章があるが、その部分が脱落している。そこに記されていることの要旨は、次のごとくである。

（イ）日本における欧洲文明を採り入れるこの歩みが逆戻りすることはないとの指摘につづき、ヨーロッパ風衣服について、自分が何年か前ドイツに暮らしていたとき、アウグスタ王妃の宮廷に招かれ、欧洲の宮廷の様子を知る機会を得た。その経験から日本の宮廷にも欧洲式衣装を採り入れることを思い付き、進言し、それが受け入れられ今日に至っている。

（ロ）議会制度について、日本に導入された議会制は今なお様々な困難に直面しているが、封建制の解体した後の日本では、この立憲制が最良のシステムであると確信している。

（ハ）右の伊藤首相の言についで、新條約の締結についての問答に移るに際しての前置が一、二記されている。

(9) イギリスなど四ヵ国との新條約は一八九四年〔明治二十七年〕七月から翌年六月までに調印されたが、ドイツとは一八九六年〔明治二十九年〕四月に、フランスとは同八月に調印した。ドイツは大隈外相時代の條約改正案に基づき、外国人の土地所有権を認めるよう主張したが、結局、土地抵当権のみで日本と妥協した。

談話は台湾の事に及べり。侯曰く、台湾の暴徒は(10)曰ならず鎮定すべし、然れども、未だ以って困難の局を結了せりと為すを得ず。即ち、暴徒鎮定に帰するも、同島の施政上に於いては猶《な》ほ困難を感ずべし。住民の大半は清国人にして、開港場には欧洲人あり。而して我が日本人を以って、之に加ふ。斯くの如き五方雑居の民衆を御することは、容易なるものに非ず。特に清国人の統御の如きは最も苦しむ所なり。其れ然り、文明的の改革の如きは一朝一夕の業に非ず。吾人《われわれ》は漸を遂って施行するの心算なり。而して政治の組織は、英国殖民地の如く、評議会を置きて知事を補助せしむるの制度を設くるの予定なり、と。

（10）下関條約で日本の台湾領有が確定すると、これに反対する台湾の軍隊や官僚らは、台湾民主国の成立を宣言するなど抵抗運動を展開した。一八九五年〔明治二十八年〕十二月から翌年にかけて、台北城をめぐり日本軍と台湾側の間で激戦が展開され、一八九六年〔明治二十九年〕十月末に一応の鎮定を見た。

終りに臨み、談復《ま》た不幸なる遼東事件に及べり。侯は本件に関し、談話の初めに於けるときよりも一層の軟和の風にて答へて曰く、余は再び書類を展見するに非ざるよりは判然断言し難し。但し余の記憶に存する所に依るときは、和議談判前に於ける独逸国の忠告は不明瞭にして、且つ遼東に関して何等記する所なかりしなり。而して之を記し得べからざりしは無論なり。何となれば、吾人《われわれ》の果して遼東を要求するや否やは、何人も事前に之を知るべからざりしを以ってなり。一日清国が和議談判員（「デッツリング」の来りし後）を派せしも、全権に欠くる所あるを以って、[11] 吾人《われわれ》は此《これ》と談判を開くこと能はず。李伯の来るに及び、始めて和議條件を構成するの運《はこび》に至れるなり。當時猶《な》ほ開戰中なるを以って、余は李伯に先づ二、三の條件に於いて休戰條約を結ぶか、又は全体の和議條約を結ぶか、両者其の撰擇に任すべければ、可及的速かに決答《ママ》あらんことを要求せしに、李伯は後者を撰びしを以って、余は四月一日を以って伯に和議條件を提出したり。而して我が要求事項中、遼東割讓を求むるや否やは、此より以前に在っては何人も知る能はざりしなり。故に独逸国と雖ども、此の條約談判前に於いて、明らかに遼東云々の忠告を吾人《われわれ》に与ふるは、蓋《けだ》し為し得べからざる所たり。但〔し〕該條約談判前に於いて、吾人《われわれ》に事実的の建議を為したる者、唯々《ただ》一の英国あるのみ。英国は已《すで》に千八百九十四年の十月を以って、欧洲諸国は日本の為め朝鮮の独立及び償金に関して斡旋の労を執るべしと言ふことを発議せり、と。

(11) 一八九五年〔明治二十八年〕一月、講和交渉のため来日した清国全権張蔭桓及び邵友濂が、条約締結に必要な全権委任状を所持していなかったことを指す。両名は清国皇帝の使節紹介状及び交渉命令書を携帯するのみであった。このため、日本は講和交渉を拒否、三月、清国は全権李鴻章を改めて派遣した。

余は座を起ちて別れを告げんとするや、侯は余を止め、而して曰く、余の茲《ここ》に説話したる諸件は、何れの国をも中傷するものに非ず、又日本は世の傳ふるが如く、或る国と干戈を交ふるの目的あるに非ず、專ら自国の開明を之《こ》れ期する者なり、と言ふことを余は茲《ここ》に反復し置くべし、と。

侯は玄関まで送り、簡畧なる握手を以って別れを告げられたり。余は乃《すなわ》ち人力車に上れり。年少の家僕は例の如く頭を低くして鄭重に余を送れり。門の左側には例の巡査佇《たたず》めり。右側なる二名の祕密巡査〔刑事〕は例に依って余に注目せり。

渡辺国武蔵相訪問記

〔一八九六年＝明治二十九年〕三月十五日刊行
「フランクフルト」新聞抄訳（二月十日東京通信）

日本の大蔵大臣を訪ふ

緑色の鳥の子紙製長方形の封筒に、日本文字を以って宛名を記したる封書到達せり。披《ひら》き見れば、横に巻ける長き紙に、日本文字を以って右方より竪《たて》に書連ねたり。此《こ》れ即ち日本大蔵大臣渡辺〔国武〕子の余に送られたる会見承諾の返書なり。而して書中、子は、特別の懇情よりして、余が為に独逸語の通辯者〔通訳〕を用意せる旨を附記せり。余之を見て歓喜措《お》く能はざりしに、思はざりき、此《こ》の歓喜は忽ちにして泡沫に属せんとは。

当初は全く好都合に経過し得べき模様なりき。余の赤色の装飾なる大臣の客室に座を占むるや、眼鏡を懸け近眼然たる身体短小の一壮年、惴々《おづおづ》として入り来り、先づ身を屈して一礼し、漸く左の言語を咽《のど》の底より搾《しぼ》り出せり。Ichch fferschtähe Daitsch.（吾は独逸語を解すとの意）と。(1)

（1）正しくはIch verstehe Deutsch.でなければならないが、通辯者の多分ドモリながらタドタドしく述べるドイツ語の発音をそのまま写してみせたものと思われる。

茲《ここ》に於いて、余は、此《こ》れ即ち大臣が余が為に準備せられたる独逸語の通辯者ならんと察し、問ふて曰《いわ》く、「兄は独逸語を話すや」と。彼答へて曰《いわ》く、「然り。願《ねが》わくは徐々に高声に且つ明瞭に話されよ」と。余意《おもへ》らく、先づ一小談話を以って之を試みんには、と。乃《すなわ》ち、徐々に高声に且つ明瞭に、此《こ》の博言家に対し意義深遠なる問を設けて曰《いわ》く、「兄は何処《いずこ》に於いて独逸語を究めしや。請ふ、幸に之を告げられよ」と。彼は、余より其の祖母の訃音にても聞きしが如く、余を凝視し、悽然として首を低《た》れ、然る後、恰《あたか》も余に向って唾するが如く、彼が口角は動きたり。而して余の聴管に達したるは、唯「然り」の一語のみ。蓋《けだ》し彼は其の独逸語を学びし或る学校の名を挙げたるべし。余は語を続けて更に其の詳細を聞かんとするの一刹那、室の戸は開けり。而して躯幹大ならず又小ならず（日本人としては已《すで》に大なり）して、筋骨稍《やや》、偉大なる主人公は出で来れり。頭蓋広匾にして、毛髪未だ霜を戴かず、顔面は清潔に剃りて髭髯なく、少許《すこしばかり》の痘痕《あばた》を見る。沈着の状は先づ其の眼眸に現はれたり。身を屈し、簡單なる握手を以って余に挨拶を為せり。既にして紺の官服を着けたる一少年（此《こ》れは日本に於いて官庁に仕ふる給仕ならん）、長き葉巻烟草を持ち来り、他の一人は欧洲風に仕立てたる茶を銀製の飲器に盛りて持ち来れり。凡そ主客応接の間に於いて主人が客に与ふる感情は種々様々にして、其の影響は客に取りて容易のものに非ず。例へば、伊藤侯及び榎本子の如く、兢々として彼《か》の日本壮士の威嚇的来訪を以って擬する者に対しては、主人をして懸念の畛域《しんいき》を撤せしむるが為め、訪問者の苦心実に言ふべからざるものありしが、渡辺子を訪問するに及んでは、余は全く此《こ》の如きの感を生ぜざりし。子は毫《ごう》も恐怖の態度を見せず、泰然として茶を注ぎ二塊の砂糖を投じ、徐ろに少許《すこしばかり》の牛乳を滴下し、更に一本の葉巻烟草と火とを余に供せり。然る後、自ら茶を喫し、巻烟草に火を点じ、烟を遠く吹き、茲《ここ》に始めて日本語を以って静かに余に談話を聞かれたり。

大臣の余裕あるに引き替へ、件《くだん》の通辯者は戦々として余の傍《かたわら》に佇立せり。茶、巻烟草、椅子は等しく彼に供せられたるも、身卑官に在るを以ってなるか、憚《はばか》りて悉く之を辞せり。而して大臣の語を発せらるるや、通辯者の顔上忽ち発言の不安心を表示したる神経の波動を現はせり。余は、大臣の言はれしは、蓋《けだ》し談話を開かんとするの緒辞に外ならざるべしと信じ、苦痛多き通辯に藉《か》らず、直ちに第一の疑問を発したり。通辯者は頭を低《た》れ、其の状恰《あたか》も小吏の上官に対して言ふを憚《はばかり》ある不敬の言辞にても耳にしたるが如し。嗚呼《ああ》、余は唯《ただ》々日本財政の情況を問ひしに過ぎざりしなり。故に余は此《こ》の問を反復し、附するに、「兄は余の言を了解せられしや」の注意を以ってせしに、**"Ichch fferschtähe Innen"**（吾は了解せりとの意）(2) なる語は辛ふじて彼の唇頭より出で来れり。

（2）正しくは**Ich verstehe Sie,**でなければならないが、この通辯者は、**Sie**と直接目的格になるべきを**Ihnen**と間接目的格にし、しかも**Innen**と発音し、文法的にも発音的にも間違っていると、からかって記したものと思われる。

然れども、彼が口より出づるものは非了解の結果のみ。彼が大臣の返答として言ふ所のものは、唯《ただ》々各箇独逸語の排列に他ならずして、何の意義をも成さず。恰《あたか》も夫《か》の混置雑列したる種々の文字より一箇の文章を抽綴するを以って問題と為し、専ら独逸の俗間に行はるる所謂《いわゆる》「文章探し」に異ならざるなり。

余は又第三の問〔原文「又第二、第三の問」〕を設けたるに、例に依りて澁舌にて

"Ichch fferschtähe Innen"（余は了解せりとの意）を唱へ、大臣の答として其の通辯する所のものは、余の解し能はざる例の「文章探し」のみ。余意《おもへ》らく、余は俗間の生活に迂遠にして、未だ文章探しを解釈し得ず、殊に口頭の会話に於いて即席に解釈せざるべからざるに至っては、一層余の能くし得べきに非ず。元来独逸文と日本文は根本より其の仕組を異にするは固《もと》よりなるに、通辯者は無頓着てふ《〔という〕》最鋭の武器を以って独逸文に対する戦争を開く者なれば、余は遂に其の軍門に降らざるを得ざるに至れり。余は乃《すなわ》ち余の及ぶ限り明瞭に徐々に且つ鄭重に謂いて曰《いわ》く、余の独逸語を解するに不十分にして未だ兄と談話を為すに当らず、願《ねがわ》くは英語若くは佛語の通辯者に譲られんことを請ふ、と。彼は辛ふじて此《こ》の意を解せしものの如し。最初より終始吾人《〔われわれ〕》の談話に注目せられたる大臣は、此《こ》の模様を察し一人の英語の通辯者を迎へんことを命ぜられたり。

此《こ》の通辯者の来るまで大凡《おおよそ》十五分を費せり。意《おも》ふに家居の日本衣を黒の洋服に更《あらた》むるの時間ならん。此《こ》の間吾人《〔われわれ〕》三名は無談対坐せしも、大臣は、或ひは彼が議会に於ける演説の英訳を示し、或ひは日本の名刀を出し、或ひは炉上の青銅器を指示する等、厚遇至らざるなし。故に余は通辯の来るを待つの時間を案外愉快に送るを得たり。而して大臣は泰然として烟草を喫し毫《ごう》も倦色あらざりき。茲《ここ》に於いて余は心中密《ひそ》かに造物主に謝せり、彼造物主が、此《こ》の純粋なる日本流の大臣を造るに、彼の小胆且つ傲慢にして欧洲政治家を以って自ら任ずる他の日本大臣の模型に依らざりしを。

斯くして英語の通辯者は来れり。而して口を開くや否や、余は始めて再生の思を為せり。此《こ》れ大蔵省銀行局長添田〔壽一〕氏[3]にして、多年英国に留学したるを以って無難に英語を操縦し、且つ姿勢発音総べて通辯者として必要の性格を具し、加ふるに専門の学識を以ってす。余は氏の補助を得て二時間の長き〔を〕大蔵大臣と談話し、曽つて厭倦を催すことなく、又誤解をも来さざりき。

（3）添田壽一（一八六四――一九二九）は、明治十七年六月東京大学法学部を卒業、大蔵省に入ったが、辞職して三年間英国に自費留学、二十年八月に帰国して大蔵省に復帰し、主税官を振出しに、大臣秘書官、監査局長心得、大蔵書記官兼大蔵省参事官・官房第三課長（二十六年十一月）、監督局長（三十年四月）を経て、三十一年七月大蔵次官に就任した。退官後は台湾銀行頭取、日本興業銀行総裁、鉄道院総裁等を歴任した。従って、ドイツ人記者が「銀行局長添田氏にして……」と記しているのは誤りで、明治二十九年二月には添田氏は大臣官房第三課長であった。

吾人《われわれ》が談話の大半は、無論日本国民経済上の現象、殊に戦後に生じたる経済上の悪徴候に係れり。余先づ問ふに、此《こ》の各徴候は一の恐るべき病根にして遂に大破裂を免れざるか、又は再び健康なる進歩の望あるや否やを以ってせしに、大臣は、現在の各徴候は決して憂ふべきに非ざるが如き意味を以って答へられたり。曰《いわ》く、物価の騰貴は、多くは單に贅沢品に止まり、普通の生活品に至っては別段の騰貴を見ず。且つ此《こ》の現象は、全く戰争の為め運転事業の阻滞に原因せしものなるが故に、曰ならずして平素の価格に復すべし、と。商工業上に於ける新起業の流行に至っても、大臣は恐るべき危険の徴候と為さず。即ち曰《いわ》く、戰争前より及び戰中に在って、資本の堆積せるもの甚し、戰後に至って俄然新事業の勃興したるが如きは、唯《ただ》ゝ外形上のみ。実際上に在っては、日本現今の経済上の資力に適合せる進歩に外ならず、と。余は問へり、元来此《これ》等の資本は何《いず》れより来りしや、と。大臣答へて曰《いわ》く、資本は以前より存在せるものにして、即ち此《これ》等の余財は従来非生産的に留滞《ママ》せしも、今や特に新事業の魁たる鉄道の築造に因って生産的投下の正当なる道途に上ることを得たるなり。留滞資本の投下を奨励したる者、独り鉄道事業に止まらず。融通機関の増加も大いに其の投下を促がせり。(4) 故に新事業の大半は従来非生産の内に沈滞したる所の資本を以って充つるものなり、日本は、独仏戰争後の独逸国に於けるが如き恐慌に遭遇することなきを信ず。蓋《けだ》し日本は融通機関の発達決して過度ならざればなり、政府に於いても力《つと》めて斯かる恐慌を避くるの方針を執るものにして、例へば清国償金の如き、之《これ》を内国に入ることを為さず、兵士の手当金其の他の賞金の如き、現金を以ってせず、証券を以って之を給す、此《これ》等の措置は以って或る恐慌の危険を避けんと欲するに外ならざるなり、と。

（4）「今や特に新事業の魁たる鉄道の……大いに其の投下を促がせり。」と訳されている個所の原文は、次の通りであり、これは何らかの理由による誤訳と思われる。

"Jetzt seien die Kapitalien in die richtigen Wege produktiver Verwendung geleitet worden, vornehmlich durch die Errichtung von Banken, die das Kapital im Lande sammeln und die Hauptzeichner bei den Neugründeungen seien."

右の原文を直訳すれば、次のごとくである。

「今や資本は、とりわけ銀行（複数）の設立によって、生産的活用という正しい道に導かれた。銀行は国内の資本を集め、新事業の新株の主たる引受人となっているのである。」

償金の使途に関し、大臣は左の如く答へられたり。曰《いわ》く、其の大半は来年に至りて払ふべき軍艦、武器其の他の代価に充つる為め、依然龍動《ロンドン》〔倫敦〕に据置くことに決したり。但し其の一小部分は内地に輸送すべしと雖も、之を金融市場に濫投するが如きことは、決して之《これ》あることなし。後年に至って漸に清国より収領すべき償金の賦額に在っても亦同一の方針を執るべし。但し此《こ》の計画は未だ判然確定したるものに非ず。之を確定するは、実際に金額を領収し、且つ其の時に於ける金融市場の情勢を視察したる後ちに在るなり。

現今日本は夥多の交通税〔原文"Verkehrssteuer"――「流通税」、「取引税」〕を新設せんとし、而して民間、別に其の負担の過重を訴へざるは、欧洲人の見て以って少しく奇怪と為す所たり。此《こ》れに関する余の問に対し、大臣は曰《いわ》く、余の見を以ってすれば、此《これ》等新税は納税者の為め格別苛重の負担たらず。固《もと》より国の経済上の発達を害せざらんことを周密調査したる結果なり、従来工業の負担せる税は大いに軽く、而して新税を課せらるる工業及び商業は、尚《な》ほ能く之を負担するの余力ある者なり。又新税の用途は、独り軍備拡張をのみ期するに非ず、生産的、経済上及び教育上の目的にも亦之を使用せんことを期す。新設の収入を以って独り軍事上の目的にのみ充つるかの如き外観を呈するは、唯ゝ《ただ》今年度に限るものにして、後年度に至らば、必ず其の然らざるを証すべきなり、と。茲《ここ》に於いて、余は大臣に謂いて曰《いわ》く、近頃新聞を以って広告したる東京商業会議所の決議は、商工業の利益上新税[5]に対して強硬なる反対の口気を有するものに似たり、と。大臣曰《いわ》く、該決議は先づ同会議所委員の意思を発表したるに過ぎずして、総会の意思に非ず。新税に反対の決議を為したるもの、独り東京に止らず、我が国工業の中心たる大阪商業会議所に在っては、総会に於いて其の決議を為せり。然りと雖ども、我が国に於ける商工会議所が斯くの如き決議を為すも、欧洲諸国、例へば独逸国に於けるものの如く、大影響を及ぼすを得ず。商工社会の組織尚《な》ほ未だ斯くまで発達せざるなり。彼等が決議の真意は他なし、商工業に課税せずして、地税を増さんことを希望するに外ならず。然れども政府の意見は其の正反対なり。従来我が国の土地は商工業に比し苛重に課税せられたる者なるを以って、今回更に後者の課税を高めて、均一を得せしめんと欲するなり、と。

(5) 登録税法や営業税法は一八九六年(明治二十九年)三月末、第九議会を通過。

談話は戦後工業上一般に顕はれたる労銀の騰貴に及びたるに、大臣曰《いわ》く、此《こ》れは先づ戦争に多数の人夫を要したるを以って、工業上労力者〔労働者〕の数減じたるに原因するものにして、今猶ほ威海衛及び台湾に多くの労力者の滞留するあり。此《こ》れ労銀騰貴の主たる原因なるが故に、此等《これ》の社会《ママ》にして再び職業に復せば、労銀の騰貴は勢焔を減ずべく、而して今や将さに戦時の情態は総べて平常に復せんとしつつあり。但し、平常の情態に復するも、労銀は、総体に在っては、戦争前に比し幾分か高度を占むべし。生活品に在っても然るなり。而して労銀騰貴の結果は、二個の方面より観察を下すことを得べし。一は経済上の視点にして、工業に於ける競争條件を難からしむるが故に、此《これ》等企業濫起の弊を矯むるを得るの証として見ること、他の一は社会上の視点にして、労銀の騰貴を以って下等社会に於ける生活程度の進歩として見ること、是なり。政府は此《これ》の両関係を適当に調和せんと欲す。而して生活品の騰貴に至っても、（労銀騰貴と同時に騰貴したるが故に）、亦経済上健全なる発達の表証として視るを得べし、と。

話題は社会問題に移れり。大臣曰《いわ》く、日本に於いても職工保護法律の必要を感ずることあるべしと言ふことは、政府亦之を知る。而して其の時期は工業の発達何如に因って定まるべし、と。余問ふに、日本政府は已《すで》に同法制定の予備〔準備〕を為すや否を以ってせしに、大臣曰《いわ》く、我が国工業上の社会的関係は、英国若くは独逸国に在って製造所法〔工場法〕の必要を来せる所のものと其の趣を異にし、職工は起〔企〕業主より酷遇せられず、職工と起〔企〕業主との間〔に〕一定の道徳的関係の存するありて、自ら非道の使役に対して保護せられ居るなり。茲《ここ》を以って我が国に於いては、未だ製造所法律の必要を見ず。随って其の制定を急ぐことを要せず。但し、余は、適当の労働時間を設くることは政府の必要なる問題なりと信ず、と。余は、同盟罷工の生ぜしことありしや否を問ひしに、大臣曰《いわ》く、之に類似の先例なきに非ずと雖ども、全体より言ふときは、我が国の職工は、製造所主の求むるよりは却って多くの時間、職を執ることを好むの風あり。要するに、職工同盟《コンビナチオン》の如きは我が国の未だ知らざる所なり、と。

吾人《われわれ》の談話は、現今日本政府の計画したる航海奨励法の事に及べり。大臣曰《いわ》く、政府の主義は、海外に航する日本船舶の総べての航路を、適当の方法を以って保護するに在り。目下先づ保護すべき者は、日本郵船会社の企図に係る印度及び濠洲航路なり。而して欧洲航路も同会社の予期する所なりと雖も、未だ開始するに至らず、と。

談は、日本将来の外国貿易に於ける奨励のことに及びしに、大臣の言に依れば、特別の計画なきものの如し。但し、輿論〔世論〕は、輸出税の廃止と棉花輸入税の免除とに因って外国貿易の負担を軽減せんと欲し、此《こ》の旨意に於ける法案は現に議会の討議に係れり。

日本は現に清国と通商條約の談判中なるは(6)、世の普《あまね》く知る所なり。而して同條約目下の進行に関し、大臣は微笑して曰《いわ》く、該條約の談判も、清国に対する爾余の各交渉と等しく、進行大いに遅々たり、と。余曰《いわ》く、近来新聞の記する所に依れば、清国は日本人に欧米人と等しく治外法権を与ふるを拒むものの如し、と。大臣曰《いわ》く、其の真偽は余之を知らず。何となれば、條約の談判は余が職司に属せざればなり。但し、清国は、下ノ関條約に依り、日本人を通商條約上に於いて他の諸條約国々民より特別の取扱を為すことを得ざるは、瞭然として明らかなり、と。欧米諸国との條約改正の結果より生ずる新関税に関しては、大臣は單に日本に於ける独逸国の商業は減ぜざるべし、と一言したるに過ぎず。貨幣問題に関しても、大臣は簡單なる説明を与へたり。曰《いわ》く、日本の銀本位が輸出業の進歩に与《あづ》かりて力ありしは無論なり。金本位に改正するの議も或る方面より起れり。今や政府は問題の研究中に属す。日本も時ありて金本位に移るが如きことなしとせず。然れども、目下に在りては毫《ごう》も其の心算あらざるなり、と。

（6）日清通商航海條約は一八九六年（明治二十九年）七月調印、十月批准。内容は日清講和條約第六條によるもので、沙州ほかの開市、日本側の倉庫無税借入権、開港場における営業自由権を規定した。

大藏大臣と能く談話せんと欲せば、本来の財政問題に関係するを免れず。日本来年度の予算は或る欠缺を見《あら》はせるものの如し。而して大臣は、此《こ》の欠缺は其の次年度の予算に於いて業《すで》に已《すで》に補填し得ることを確信せらるるが如し。又、日本の国債に関し、大臣は曰《いわ》く、我が国債は決して国の重荷と為すに足らず。戰爭前は其の額二億六千万円にして戰爭中更に八千万円を増し、尚《な》ほ之に加ふるに三千乃至四千万円の新公債を以ってす。軍事公債の如きは、容易に内国の資本家より募集し得たれば、尚《な》ほ新に起すべき公債に至りても、政府は、外国金融市場の力に訴ふるが如き考は之あらざるなり、と。

余は此《これ》にて問を止めたるも、大臣は自ら問を設けて、千八百七十三年に於ける我が独逸国の経済上恐慌の原因に関し、余の意見を尋ねられ、余も簡單に所懐を陳べたり。又、余の問に対し、大臣は曰《いわ》く、日本は毎年各県の知事を召集して地方官会議なるものを開くことなるが、昨年の同会議に於いて現農商務大臣子爵榎本は、新株式会社創立者の資本力には特別に綿密に調査を遂ぐべき旨を訓告せり。凡べて会社設立の願書は府県知事を経由し、知事は調査の結果及び意見を具して之を主務大臣に進達し、其の許否は主務大臣の意見を以って始めて決するものなり。唯《た》ゞ《だ》銀行に関しては、大藏大臣の主管に属すと雖も、爾余の各株式会社は農商務大臣の職権に属す。大藏大臣は、亦其の特別の監督に属する日本銀行に因り、金融社会の危険を予防することを得べし。而して現在各種の新起〔企〕業に在っても、別に信用機関濫用の虞《おそれ》なく、政府は亦此《こ》の弊を未発に防ぐことを懈《おこた》らず。昨年中株券《ママ》の非常に騰貴せるは蔽ふべからざる事実なりと雖も、其の最高度は既に経過して下落の方向に向へり。而して此《こ》の現像〔現象〕も亦敢へて経済上将来の発達を害するの憂なきなり、と。

茲《ここ》に於いて談話は終へたり。大臣及び二人の通辯者（日本人の礼儀に富むことを表章するに足るが故に余は茲《ここ》に一言すべし）は、余の已《すで》に応接間に於いて彼等に別れを告げたるに拘はらず、尚《な》ほ相共に長き廊下を経て車寄まで随伴し、余の上車して去るを待てり。車は轢然として庭園を過ぎ、門を出でんとするや、樹木の蔭より半身を露はせる祕密巡査は余に敬礼を施せり。而して彼が帯ぶる所の仕込杖は、余をして日本に於ける大臣たる職務の何如に危険なるかを知らしめたり。

【附録】日清戦争と三国干渉後の政治動向

目次

Ⅰ　前史

Ⅲ　三国干渉とその後の政治動向

1　三国干渉

イ　三国の遼東半島放棄の申入

ロ　遼東半島還附に対する補償金

ハ　「臥薪嘗胆」

2　日本の朝鮮内政改革への介入

イ　井上馨公使の介入と朝鮮の対露接近

ロ　乙未の政変（閔妃暗殺事件と親日政権樹立）

3　朝鮮におけるロシアの勢力樹立

イ　ロシア公使の画策と国王の親露的政府任命

ロ　山縣・ロバノフ協定（モスコー議定書）――日本の局面打開の努力

ハ　ロシアの協定蹂躪による勢力扶植

ニ　露清同盟

4　日本の大規模軍備拡張への突入――戦争から戦争へ

日清戦争と三国干渉後の政治動向

幕末以来、西欧諸大国の帝国主義的なアジアへの進出の形勢のなかで、深刻な民族独立についての危機感が、明治維新による日本の近代国家としての出発を齎したといっても過言ではない。そして、この危機感は明治中期以後まで生き続けた。具体的には、地理的に日本と近接する「朝鮮の独立」に対する強い関心であって、「朝鮮の独立」の第三国による脅威は日本の民族的独立を危機に陥れるという恐れから、日本と朝鮮に対する宗主権を主張し続ける清国との間には、維新以来一貫して強い緊張関係が存在した。この日本の危機感は、日清戦争の勝利によって解消するどころか、清国に代るヨリ強大なロシアのプレゼンスによって一層深刻なものになり、日露戦争を齎さざるを得なかった。

Ⅰ　前　史

1　「朝鮮の独立」をめぐる日清間の対立

イ　明治十五年の壬午政変

この日清の緊張関係が火を吹きかけた最初の大きな政治的事件が、明治十五年（一八八二）の壬午政変である。当時、朝鮮政治の実権をめぐって相争う二つの派閥のうち、王妃を中心とする閔妃派（親日派）が実権を掌握していたが、ライバルの国王の生父の前摂政を頂く大院君派（親清派）は政権奪取を狙って、この年七月、兵士を煽動して宮廷に侵入させ、暴徒に閔妃派要人の邸宅、日本公使館を襲撃させた。花房義質公使以下の公使館員は仁川に脱出し英国船によって日本に引き揚げたが、日本公使館は焼き払われた。そして、大院君派はこの事態の中で政権の座に就いた。壬午政変がこれである。

清国側は、憤激する日本がこの機会に朝鮮に出兵すれば、堅持せんとする宗属関係が覆されるのではないかと惧れ、その主張する「宗主権」に基づいて五千の兵力を朝鮮に派遣して、日本を牽制した。日本は、花房公使に一個大隊を付け軍艦で護衛して朝鮮に帰任させ、謝罪・賠償・加害者の処罰等について朝鮮側と交渉させたが埒があかず、公使は交渉を打切って仁川に引き揚げたので、日本と朝鮮の関係は断絶の危機に直面した。日本の出兵を何とかして阻止しようとした清国は、大院君を捕らえて清国に連れ去り、閔妃派を政権に復帰させた。花房公使は、この政権と交渉を再開し、済物浦條約を締結して日本の要求を認めさせたが、この時点で閔妃派は自分たちを政権に復帰させてくれた清国に接近、親清派に転向した。清国は、この機に乗じて、自国居留民保護の名目で軍隊を京城〔ソウル〕に駐留させ、朝鮮政府の内政外交に干渉し、軍事使節団を送って朝鮮軍隊を支配下に置こうとするなど、壬午政変を機に朝鮮に対するその地位を著しく強化した。

ロ　明治十七年の甲申政変

日本は上記の事態を重大視し、清国を仮想敵国として軍備拡張に入る一方、朝鮮の国内情勢を日本に有利な方向に打開せんとした。明治十七年（一八八四）十二月に至り、金玉均、朴泳孝らの独立党と結んで敢行したのが甲申政変であるが、これは日本にとり惨憺たる結果に終った。金玉均らは日本との提携によって中国の勢力から朝鮮を独立させて、その政治改革を断行せんと目論んで来たが、この年八月に清仏戦争が起ると清国に朝鮮干渉の余力なしと判断した独立党は、日本公使館・公使館警備隊と組んでクーデターの挙に出た。そして閔妃派を宮中から追放して国王を擁し、国王に日本公使館警備隊の王宮警護を「要請」させ、独立党の新政府を成立させた。しかし、予期に反して袁世凱の率いる清国軍は出動し、国王の保護のためとして王宮に侵入、王宮内の朝鮮兵がこれに内応したために、兵数僅少な日本軍（公使館警備隊）は戦闘に破れて王宮から撤退、勝ち誇る清韓両軍と呼応する民衆は日本居留民に対し暴行・略奪を行い、公使館を焼き払い、竹添進一郎公使と館員とは仁川に避難し、次いで日本に引き揚げた。閔妃派が政権に復帰し、独立党の指導者らは殺されたり、国外逃亡したりした。

ハ　明治十八年の天津條約

日本国内では、この事態に衝撃を受けて清国に対する開戦論が朝野に沸きあがったが、外交交渉を通して事態収拾を図ろうとする参議伊藤博文が指導力を発揮して政府内の議をまとめた。そして、翌明治十八年（一八八五）一月に外務卿井上馨が特派全権大使として京城に赴き、朝鮮政府と折衝して謝罪と賠償を約束させたし、二月には伊藤博文が自ら特派全権大使として清国に行き、天津で清国政府と折衝を重ねた結果、四月に天津條約が日清間で締結された。この天津條約では、日清両国は朝鮮に駐屯させている軍隊を撤収すること、両国は朝鮮に軍事教官を派遣しないこと、将来朝鮮に「変乱重大の事件」が生じ両国または一国が出兵せんとする場合には、予め他方に通告し、事態鎮静の上は速やかに撤兵すること、が約束された。これにより日本は、朝鮮への軍事的干渉に関して清国とほぼ平等の地歩を獲得したが、「朝鮮の独立」については、「宗主権」の主張を枉げぬ清国とは見解の一致が得られないままに終った。

二　明治十九年の清国北洋艦隊の対日示威

甲申政変が外交的に収拾された後、翌明治十九年（一八八六）の八月、清国の北洋艦隊が長崎に来航したが、清国が世界に誇る定遠、鎮遠の二艦を基幹とし、日本にもその名の知られた丁汝昌提督を司令長官とするこの北洋艦隊の来航は、日本に対する一大示威運動の意味を持つものであった。これが日本に圧迫感を齎す一方において、清国・朝鮮の近代化の遅れと、西欧諸国の清国への重圧、朝鮮の内政の不安定とは、両国の将来の国家的存立を危惧せしめるに足り、それが近接する日本の民族的独立にとり危険を意味する以上、日本としては、積極的にこれらの国に勢力を伸張することにより日本の民族的独立を確保すべきだとする議論も、漸次台頭してきた。

2　明治二十七年に至る「藩閥政府」と自由民権派の抗争

日清間の緊張状態は、甲申政変が収拾されてのち、明治二十七年五月に朝鮮に東学党の乱が起るまでは、外交上の問題としてクローズアップすることなく過ぎた。この間においても清国を仮想敵国とする日本の軍備拡張は引き続き強力に推進されたが、明治十八年十二月の内閣制採用以後の日本政治の焦点は、条約改正問題とこれをめぐる「藩閥政府」と自由民権派の激しい抗争にあった。

イ　第一次伊藤博文内閣

日本最初の第一次伊藤博文内閣の外相井上馨は、明治十二年以来外務卿として外交の局に当たり條約改正（関税自主権の回復と治外法権の撤廃）に苦心してきたが、伊藤内閣が井上の打出した「欧化政策」を内閣の方針として採用したので、いわゆる「鹿鳴館時代」の滔々たる西洋模倣の風潮を現出した。しかし、井上の苦心交渉により明治二十年四月に西洋諸国と議定するに至った裁判管轄條約案（治外法権関係）が洩れると、自由民権派を先頭に知識人も巻き込んだ一大反対運動が起り、政府内部からも谷干城農相、ボアソナードの「反対意見書」が出され、これを入手した自由民権派が政府攻撃に利用したので、同年九月、伊藤内閣は條約改正交渉を中止し井上外相は辞職した。勢いに乗る自由民権派は、交渉中止は政府の怠慢なりとの非難を背景に、外交の立て直し・地租軽減・言論集会の自由の三要求を掲げて政府に迫り、十月に後藤象二郎が起した「大同団結」運動は世を席捲し、騒然たる情勢を醸成したので、政府は、十二月に「保安條例」を発布施行してこれを弾圧し（五七〇名を皇居三里外の地に追放）、翌二十一年二月には大隈重信を外相に迎え入れ、條約改正に当らせるとともに自由民権派の切り崩しと改進党勢力の引寄せを図った。

ロ　黒田清隆内閣

明治二十一年四月、伊藤首相は新設の枢密院議長となり農相黒田清隆が首相の座を引き継いだが、黒田は翌年三月に後藤象二郎を逓信大臣に引き入れ「大同団結」運動を瓦解させた。一方、大隈外相は全力を挙げて條約改正に取組み、二十一年末より各国と個別折衝に入り、米・独・露の三国と調印し英国と交渉中に、大隈の改正案の内容が英紙「タイムス」に掲載された結果、日本国内に囂々たる論難起り（一部に違憲論あり）、黒田首相の大隈擁護もむなしく大隈は爆裂弾を受けて負傷し、黒田内閣は辞職した。條約改正問題の当面の収拾のため、内大臣三條実美が首相を兼任し、大隈案で調印済の米・独・露の三国と交渉して條約を取止めとし（三国も異例の外交措置に応じた）、明治二十二年十二月に第一次山縣有朋内閣がこれに代った。

ハ　第一次山縣有朋内閣

明治二十二年（一八八九）二月に発布された帝国憲法のもとで、最初の総選挙が二十三年七月に行われて、かつての自由民権派の流れをくむ自由党、改進党らの「民党」が議席の過半数を制したが、十二月に開かれた第一議会においては山縣首相は超然主義をもってこれに臨み、歳出の実に三十一％を軍事費が占める明治二十四年度大軍拡予算を上呈した。国家の独立保持と国勢の伸長が日本の不変の目的であるとする山縣首相は、国家独立自衛の道は「主権線」（国の領域）の守護と「利益線」（主権線の安全と密接に関連する地域）の防衛にあるといい、両線の確保のためには陸海軍のため「巨大な金額」を充当せねばならぬと述べた（山縣は、すでにその意見書「外交政略論」のなかでこの「利益線の焦点」を朝鮮であると断じていた）。民党の激しい攻撃に強硬姿勢で対応した山縣内閣は、難航の末この予算を成立させると、議会終了後に総辞職した。

二　第一次松方正義内閣

明治二十四年五月、山縣内閣の蔵相松方正義が前内閣のほとんど全閣僚を留任させて第一次松方内閣を組織したが、数日にして全日本を震撼した大津事件に遭遇した。シベリア鉄道の起工式出席のためウラジオストックに来たロシア皇太子（後のニコライ二世）が式後軍艦七隻を率いて観光のため訪日し、琵琶湖見物に大津に赴いた際、これは将来の日本侵略の準備のための視察であろうという世上の流説を信じて憤激した警護の巡査津田三蔵が、ロシア皇太子を襲い負傷させた事件である。ロシアがこの事件を理由にいかなる要求を日本に突き付けるか戦々兢々であった日本の朝野も、格別の動きを示さないロシアの態度に漸く安堵した。七月には丁汝昌率いる清国北洋艦隊が再び横浜に来航、貴衆両院の議員を戦艦定遠に招待し交歓の催しを行ったが、これは明らかに日本に対する軍事的示威を目的とするものであった。十一月に開かれた第二議会で、民党側が明治二十五年度予算の海軍関係軍事費の大削減に乗り出すと、松方内閣は議会を解散した。そして、翌明治二十五年二月に総選挙が実施されると、政府は内相品川弥二郎指揮の下に大規模な選挙干渉に出た。第三議会における政府不信任案の可決にも拘らず平然と居座った松方内閣も、陸海軍大臣の辞職後に軍部が後任大臣の推薦に応じないために総辞職に追込まれるに至り、二十五年八月、代って伊藤博文が第二次内閣を組織した。

ホ　第二次伊藤博文内閣

「元勲内閣」と渾名された伊藤内閣も、第四議会において明治二十六年度予算案の審議における民党の大幅削減に苦しんだが、軍艦建造費のような「既定の歳出」の削減は一切拒否した。日本にとり目下の急務である海軍拡張について、「東洋の大局を維持するがため政府は憲法の許す範囲内に於て断乎として其計画する所を決定する道を求めねばならぬ」と決意を述べた。政府・民党の激突の結果、民党は内閣弾劾上奏案を可決して天皇に奉呈し、これに対し政府は上奏文――政府・民党間の争点を述べた上で、事態収拾のための甲乙二案を挙げて勅裁を仰いだもの――を提出した。これに対して天皇の詔勅が発せられた結果（そのなかには、「国家軍防の事に至っては、苟も一日を緩くするときは或は百年の悔を遺さむ。朕茲に内廷の費を省き六年の間毎歳三十万円を下付し、又文武の官僚に命じ特別の情状ある者を除く外同年月間其の俸給の十分の一を納れ、もって製艦費の補足に充てしむ」ともあった）、内閣および議会は恐懼して事態解決の交渉に入り、妥協の末、予算を成立させた。伊藤内閣は、その後も民党、特に改進党の政府への攻勢に苦しみ、第五議会を二十六年十二月に、第六議会を二十七年六月に、二度にわたり解散せざるを得ない状況で、その前途は混沌としたものであったが、解散の二ヵ月後、明治二十七年八月に勃発した日清戦争は、事態を一挙に転換させることになった。

Ⅱ　日清戦争——開戦から講和へ

1　東学党の乱と朝鮮をめぐる日清関係の険悪化

イ　東学党の乱と清国の出兵

明治二十五年（一八九二）末から朝鮮では東学党の乱と呼ばれる農民騒乱が断続的に起っていた。明治二十七年五月に至り、それは大規模武装蜂起に発展したが、朝鮮政府に事態鎮圧の力がないと見た京城駐在の清国代表・袁世凱——清国の「宗主権」強化のため李鴻章が派遣した人物——は、朝鮮政府に圧力をかけ、清国に対して派兵・事態鎮圧を要請させた。清国は、この「要請」を容れて二八〇〇の兵力を朝鮮に送り牙山に揚陸した。これに先立ち、清国は、日本に対し天津條約に基づく出兵を通告し、これは清国の「宗主権」に基づくものであるとした。

ロ　日本の対応――混成一個旅団の派遣

伊藤内閣は、公使館・在留邦人の保護のため、済物浦條約に基づき出兵を決定した。それは、清国・朝鮮の宗属関係が不動のものとなる前に清国を牽制し、甲申政変以来弱体化した朝鮮における日本の地位を建て直し、朝鮮をめぐる日清の勢力均衡を打ち立てることを、意図したものであった。

六月二日に「混成一個旅団」の派遣が決定され――「通常の一個旅団＝約三〇〇〇名」と「混成一個旅団＝約七ないし八〇〇〇名」の区別を知らぬ伊藤首相らは、川上操六参謀次長の謀略に乗せられ三〇〇〇名程度の派遣兵力と考えた――約八〇〇〇の日本軍は六月八日仁川に到着、上陸後主力は直ちに京城へ向けて北上を開始した。

ハ　日清両派遣軍の対立下での外交的応酬と日本の強行手段

清兵の牙山到着時には東学党の乱はすでに鎮静していたが、清兵は牙山に留まった。しかし、日本の大兵力派遣を予想していなかった清国側は、日本軍の仁川上陸に驚き、外交手段による事態収拾を策した。日本側は、日清協力して東学党の乱の鎮定に当ること、将来の再発阻止のため、日清は朝鮮に内政の根本的改革を行わせること、を提案したが、清国側は、すでに鎮静している動乱につき鎮定論議は無用とし、朝鮮内政の改革については、宗主国たる清国にも干渉の考えはない、朝鮮を「独立国」と認める日本が朝鮮内政に干渉する根拠はないとの回答を寄越した。

日本は単独で朝鮮内政の改革を決意し、強硬な申入を朝鮮政府に行ったが、清国関係を顧慮する朝鮮は応ぜず、そこで、日韓修好條規（明治九年締結）に基づき、「自主の邦」朝鮮国内に清国軍が留まることは條約違反につき、これを国外に退去させよ……と要求した。朝鮮が言を左右にしてこれを回避すると、日本は、軍隊を王宮に侵入させ、閔妃派を追い、大院君を擁立してこれに新政府を作らせ、この新政府に上記の諸要求を出したのである。

2　日清開戦と戦争の経過

イ　日清両国の宣戦布告

日本が朝鮮政府に清国軍を退去させるよう要求したのに対し朝鮮側が明答を避けたことをもって、日本は、朝鮮政府が清国軍の退去を日本に依頼したものと「認定」し、清国軍を国外退去させるべく京城駐屯の日本軍を牙山へ向け南下させた。

清国も牙山兵力の増強を始めたが、七月二十五日、日本軍艦は牙山に近い豊島沖で清国軍輸送船団の護衛に当る清国軍艦を攻撃し、一方牙山に向け南下中の日本軍は、二十九日、成歓において清国軍と戦闘を交えてこれを撃破し、成歓および牙山を占領した。そして、八月一日、日本は清国に宣戦布告し清国も日本に宣戦布告を行った。

ロ　戦争の進展――日本軍の圧倒的優勢

九月、平壌の会戦に大勝利を収めた日本陸軍は、退却する清国軍を追って満州に進出し、日艦艦隊も平壌会戦の直後に黄海の海戦で清国北洋艦隊の半ばを撃滅した。日本は制海権を握り、中国大陸への兵力・物資の輸送を安全に行えることになった。十月、日本陸軍は遼東半島に上陸し、早くも翌十一月に海軍との共同作戦で旅順要塞を陥落させた。

明治二十八年一月、日本陸軍は更に山東半島に上陸し、翌二月海軍と共同して威海衛要塞を陥れ、威海衛に在る北洋艦隊の残存勢力を降伏させた。降伏協定が結ばれた後、北洋艦隊司令長官・丁汝昌は責任を取って毒を仰いで自決した。

3　日清講和條約

イ　和平交渉開始

清国は不利な戦況の下で西洋の諸大国に働きかけ、その干渉による戦争の終結を策したが、不成功に終り、止むなく日本と直接に和平交渉に入らざるを得なくなった。そして、明治二十八年三月十九日、直隷総督・李鴻章が頭等全権大臣として全権大臣李経芳とともに下関に来り、日本側の全権大臣たる伊藤博文首相、陸奥宗光外相と折衝を開始した。両国全権は、三月三十日に日清休戦條約に調印し、翌四月十七日に至って日清講和條約に調印した。

ロ　講和條約の内容

妥結・調印を見た講和條約は、日本提出案を原案としたものであったが、その主要な合意内容は次の諸点である。

（1）清は、朝鮮を完全な独立国として認める。

（2）清は、遼東半島、台湾および膨湖諸島を日本に割譲する。

（3）清は、戦費賠償二億両（三億六千万円相当）を日本に支払う。

（4）清は、これまでの開市・開港場のほかに、新たに沙市・重慶・蘇州・杭州を開港場として日本人に開く。

（5）清は、新しい通商條約を日本と締結し、従来の日清通商條規に換え、清国と西洋諸国との間の通商條約に倣ったものとする〔即ち、片務的治外法権制度と関税における協定税率主義を取ることを意味する〕。

かくして、日本の外交は、日清或いは日本朝鮮の提携論の方向から離れて、脱亜の途を踏み出したものといえる。

Ⅲ　三国干渉とその後の政治動向

1　三国干渉

イ　三国の遼東半島放棄の申入

下関講和條約調印から僅か数日後、日本に対してロシア、フランス、ドイツの三国は、日本による遼東半島の領有は、清国の首府北京を脅威しまた朝鮮の独立を名目化させるもので、極東永遠の平和の上から好ましくないとの理由で、遼東半島の放棄を勧告してきた。しかも三国中の主唱者であるロシアは、神戸と講和條約の批准交換の行われる芝罘に軍艦を送って日本に勧告受入を強要した。日本政府は苦悩したが、ヨーロッパの三大国を相手に戦う力はなく、日本陸軍の主力は未だ遼東半島に在り、日本海軍もまた膨湖島に集結していて、日本本土は無防備に等しい状況であったので、三国に対して勧告受諾を伝えざるを得なかった。

ロ　遼東半島還附に対する補償金

芝罘における批准交換の後、日本は遼東半島放棄に対する補償金に関する交渉を清国と行ったが、これにも三国は介入し、補償金は余り高額にならぬよう申し入れて来た。結局日本の獲得したのは三千万両となった。

ハ　「臥薪嘗胆」

連戦連勝に狂喜し、講和の日を迎えて勝利の栄光に陶酔していた日本国民の気分は、三国干渉により奈落の底に突き落されたごとくに打ちのめされた。清国に対する巨大な勝利にも拘らず、ヨーロッパ諸大国の意志で「勝利の獲物」の放棄を余儀なくされた世界政治の現実を骨身にしみて自覚した日本は、上下を通じて「臥薪嘗胆」を標語に隠忍の時代に入る。

2　日本の朝鮮内政改革への介入

イ　井上馨公使の介入と朝鮮の対露接近

日清開戦後自ら希望して公使として朝鮮に赴いた井上馨は、積極的に朝鮮の内政改革を企図し種々介入したが、これは逆に朝鮮の宮廷と国民の反発を買い、朝鮮側をロシアに接近させることになった。日清開戦を機に極東への関心を新たにしたロシアは、極東におけるその領土の安全と将来におけるその膨張につき検討を加え、その結果として朝鮮に強い関心を抱くに至っていた。そして、日清戦争の末期には、将来結ばれる日清講和條約のなかで朝鮮の独立が名実ともに確保されるよう要望した位であった。

日本政府（第二次伊藤内閣）は、明治二十八年六月の閣議で対朝鮮政策を不干渉に転換し、朝鮮をめぐってロシアと対立するのを出来るだけ回避するとともに、ロシアにも不干渉政策を取らせようとしたが、朝鮮宮廷内では閔妃派がロシアと連絡して勢力を拡大し、親日派は凋落して行った。

ロ　乙未の政変（閔妃暗殺事件と親日政権樹立）

明治二十八年八月に井上馨に代って公使に就任した三浦梧楼（陸軍中将）は、朝鮮宮廷内の勢力関係を一挙に日本に有利に転換させようと考えた。三浦と公使館付武官等の謀議に基づき、十月八日日本の守備隊および日本人将校により養成された朝鮮側の訓練隊と日本人壮士等とが王宮に乱入、閔妃を殺害し、閔妃派により蟄居させられていた大院君を擁して親日派からなる新政府を樹立させた。これを乙未の政変という。伊藤内閣とは無関係に三浦公使が中心となって計画実行したこの事件に対し、日本政府は直ちに三浦以下の事件関係者を召還して広島監獄に収容して裁判にかけた。

3 朝鮮におけるロシアの勢力樹立

イ ロシア公使の画策と国王の親露的政府任命

閔妃暗殺が朝鮮側の反日感情を激化させたなかで、朝鮮駐在ロシア公使ウェーバーは、閔妃派と謀って同派領袖から国王に日本側が国王暗殺を準備しつつある旨を密奏させたので、驚愕した国王は皇太子、皇太子妃とともに王宮を脱出してロシア公使館に保護を求めた（明治二十九年二月）。国王は、日本側の擁立した政府を罷免して親露的政府を任命したが、それ以後ウェーバーは国王の事実上の最高顧問となり、政令はロシア公使館内から発せられる状況となった。

ロ　山縣・ロバノフ協定（モスコー議定書）――日本の局面打開の努力

日本の民族的独立を確保する上から、朝鮮半島に第三国の勢力が及ぶことを阻止するというのが、日清戦争の目的であったが、大勝利を得たにも拘らずその目的は達せられず、朝鮮では、ロシアが清国に代って大きな勢力を有する結果となった。日本は、このロシア勢力の増大を阻止するにはその力がまだ小さ過ぎたので、外交交渉による局面打開を試みるしかなかった。

明治二十九年（一八九六）五月に行われたロシア皇帝ニコライ二世の戴冠式には天皇名代として伏見宮貞愛親王が出席したが、これには前首相山縣有朋が特命全権大使として対露交渉の任務を帯びて随行した。モスコー滞在中、山縣はロシア外相ロバノフと折衝し、六月に取極を成立させた（モスコー議定書）。その主たる合意内容は次のごとくである。

（1）日露両国は、朝鮮政府に緊縮且つ歳出入均衡を得た財政運営を行うよう勧告する。同政府が将来外債発行を必要とする場合には、日露協議の上援助を与える。

（2）日露両国は、朝鮮政府が財政上経済上許すかぎり「外援」によらずして自国民をもって組織した軍隊並びに警察を創設し維持することに干渉しない。

（秘密条項による申合せ）

朝鮮の治安が乱れまたは乱れる惧れが生じ、これに対して日露両国が協議の上兵力派遣の必要ありと認めた場合には、両国は出兵地域に関して協定を行いまた中立地帯を設けることにより両国軍隊の衝突を防止する。

ハ　ロシアの協定蹂躙による勢力扶植

ロシアが山縣・ロバノフ協定に応じたのは、敷設中のシベリア鉄道の完成までは日本に宥和的態度を見せる必要があったからで、ロシアはもともとこれを守る意志など持っていなかった。ロバノフが山縣と取極を結ぶとその直ぐ後、同じく戴冠式出席のためモスコーに来ていた朝鮮の特派大使閔泳煥と次の内容の秘密協定を結んでいるのが、その証拠である。

（1）ロシアは、朝鮮国王のロシア公使館滞在中も王宮への帰還後も、その身辺の護衛に当る。
（2）ロシアは、経験に富む高級将校を京城に送り、国王の親衛隊の創設を援助する。
（3）ロシアは、経験に富む専門家を京城に送り、朝鮮の経済状態を調査させ、必要な財政上の方策の決定に当らせる。
（4）以上の高級将校・専門家は駐韓ロシア公使の下で朝鮮国王の顧問としての任務も負う。
（5）朝鮮の経済状態、その必要とするところが明らかとなり次第、ロシアは朝鮮への融資を考慮する。

そして、ロシアは、この秘密協定に基づいて明治三十年（一八九七）の初め以降着々と行動し、王宮に戻った朝鮮国王はロシア将校を指揮官とする親衛隊に護衛され、九月にはロシア大蔵省のアレクセフが財政顧問として京城に着任し朝鮮の財政に大きな発言権を持つに至った。日本は山縣・ロバノフ協定に基づいてかかる事態に抗議を行ったが、ロシアはその都度曖昧な回答しか寄越さず、朝鮮におけるその勢力を増大し続けた。

二　露清同盟

更に、ロシア皇帝ニコライ二世の戴冠式は、ロシア極東政策の上で一つの重大な機会となった。それは、敷設中のシベリア鉄道を清国領土の北満州を横断して終点のウラジオストックへと建設することが最も望ましいと考えるに至ったロシアが、この機会を捉えて親露的な李鴻章を招き清国からこれに関する同意を取り付けようと画策したからである。ロシアは、予め李鴻章を特派大使に任命するよう清国に懇請し、軍艦まで派遣してオデッサへ運びペテルスブルグに迎え、丁重を極める歓待で李の甘心を買うことに努めた。ロシア政府の蔵相ウィッテが交渉に当り、李が満州に外国鉄道の走ることに嫌悪の情を示すと、ウィッテは、日本を仮想敵国とする露清同盟の締結を提議した。ロシアは清国の領土保全を強く望むが、その陸軍の主力をヨーロッパに置かざるを得ないロシアとしては、清国に対して迅速有効な援助を行うためには、シベリア鉄道を北満州経由ウラジオストックへと最短距離で走らせ、ヨーロッパ・ロシアとウラジオストックおよび清国をこの鉄道で結びつけることが必要である……という強い説得に対し、日清戦争以来日本に激しい敵意を抱くようになった李鴻章は最終的にこれを受け入れ（ロシア側は、交渉妥結のため李に三百万ルーブルを贈った）、期限十五ヵ年の露清同盟條約（秘密條約）が締結された。その主要な内容は、

（1）日本が東亜におけるロシアの領土、清国または朝鮮を侵略した場合には、露清両国は協力して対日戦争を行う。

（2）清国はロシアが右の軍事上の義務を有効に遂行する上での必要を考慮し、黒竜江省、吉林省を横断してウラジオストックの方向に鉄道を建設することを承認する。

というものであったが、日本はその存在が仲々分からず、それを確認し得たのは日露戦争（明治三十七—三十八年）が勃発して後のことであった。

4　日本の大規模軍備拡張への突入――戦争から戦争へ

日清戦争に勝利をおさめた第二次伊藤博文内閣は、戦後経営の重大性を理由に自由党と提携するに至ったが、内閣当面の最大の課題は、日本が直面した戦後の重大な国際情勢に対処するための軍備の拡張であった。

陸軍の拡張計画は、大陸における対露作戦を想定したもので、六ヶ師団その他の新設を根幹としており、海軍の拡張計画は、ロシアに対抗し得る海軍の建設を目指した甲鉄戦艦六隻、装甲巡洋艦六隻を根幹に、これに補助艦を付した計画であった。そして、陸軍拡張計画は第二次伊藤内閣下の第九議会（明治二十八年十二月開会）において、海軍拡張計画は次の第二次松方内閣の下における第十議会（明治二十九年十二月開会）で、それぞれ承認された。

産業革命もそれほど進んでおらず、資本の蓄積も乏しい日本が、日清戦争後休む間もなく大規模な軍備拡張に乗り出すことは、財源の調達の上からも容易なことではなかったが、一部増税に頼ったものの、その大部分は清国からの賠償金と遼東半島返還に伴う清国からの補償金に仰いだのである。

かくして、日本は、来たるべきロシアとの戦争における勝利を目指して「臥薪嘗胆」の時代に入った。

（終り）